本报告为教育部哲学社会科学研究重大课题攻关项目：世界一流大学和一流学科建设评价体系与推进战略研究（项目编号：16JZD044）的阶段性成果

内 容 简 介

《中国研究生教育质量报告2019》是具有研究性质的、聚焦研究生教育质量的年度报告。报告坚持以"年度"和"质量"为核心主题词，以"述说""数说""事说""省说""生说"等维度，从多角度、多层面反映2018年度中国研究生教育质量。

本报告对2018年中国研究生教育质量进行了述评；对2018年中国研究生教育发展状态进行了数据分析；遴选出2018年度中国研究生教育质量十大事件、质量单位上海市、2018年度质量人物康绍忠；从条件支撑度、社会贡献度和发展契合度三个维度，对中国31个省、自治区、直辖市的研究生教育质量进行了单项排名；对全国118个研究生培养单位的82458份有效问卷满意度统计分析发现，在校研究生的总体满意度为73.7%；分析了来华留学与出国留学概况，展示了美国、英国、日本、澳大利亚及欧盟地区研究生教育最新动态，概览了全球博士生教育发展。编录了2018年中国研究生教育要事志。

本报告内容翔实，全面、客观、多角度反映了2018年度中国研究生教育质量概况，为全面提高中国研究生教育质量提供了宝贵资料和决策依据。为社会各界客观了解中国研究生教育质量提供了第三方视角，为各个研究生培养单位持续提高培养质量提供有益参考，为国际同行了解中国研究生教育提供了丰富资料，是公众了解中国研究生教育质量状况的重要信息来源，也是从事研究生教育研究学者的重要参考资料。

Abstract

China's Graduate Education Quality Report 2019 is an annual research report which aims at providing an overview of China's graduate education quality in 2018 from various aspects and dimensions, such as review, data, visualized facts, the province and the students.

As a commentary on quality of graduate education in China in 2018, this book provides data analysis on the annual development trend of graduate education in China: 10 major events influencing the quality of graduate education in China are presented; Shanghai is selected as the Advanced Region for graduate education and Kang Shaozhong as the Person of the Year. We take supporting resources, social contributions and development consilience as the three dimensions to respectively rank the quality of graduate education of 31 provinces, autonomous districts and municipalities directly under the Central Government. A survey report on the educational satisfaction rate from 82,458 valid questionnaires is presented with a general satisfaction rate of 73.7%. In addition, we summarize the latest comments from the foreign media on China's graduate education, and present the dynamic development trend of graduate education in some countries such as the United States, the United Kingdom, Japan, Australion and European Union. A chronicle of events of graduate education in 2018 in China is also edited.

With an enriched and accurate content, this report presents an overall perspective of China's graduate education quality in 2018 based on comprehensive, objective and multidimensional data. It is expected to facilitate the public's understanding of the quality of graduate education, to provide the basis for decision-making for universities and government administrations, as well as to create more access of communication with international counterparts. At the same time, we wish it could serve the general public and the academia as source of information for graduate education in China.

北京理工大学 研究生教育研究中心
Center for Graduate Education Beijing Institute of Technology

中国研究生
教育质量报告 2019

Report on China's Graduate Education Quality 2019

王战军　主编
Wang Zhanjun　Chief Editor

中国科学技术出版社
·北　京·

图书在版编目（CIP）数据

中国研究生教育质量报告. 2019/王战军主编. —北京：中国科学技术出版社，2019.8
ISBN 978-7-5046-8328-1

Ⅰ.①中… Ⅱ.①王… Ⅲ.①研究生教育—教育质量—研究报告—中国—2019 Ⅳ.①G643

中国版本图书馆CIP数据核字（2019）第155455号

选题策划	苏 青 王晓义
责任编辑	王晓义
封面设计	孙雪骊
责任校对	焦 宁
责任印制	徐 飞

出 版	中国科学技术出版社
发 行	中国科学技术出版社有限公司发行部
地 址	北京市海淀区中关村南大街16号
邮 编	100081
发行电话	010-62173865
传 真	010-62179148
网 址	http://www.cspbooks.com.cn

开 本	720mm×1000mm 1/16
字 数	170千字
印 张	12
印 数	1—3000册
版 次	2019年8月第1版
印 次	2019年8月第1次印刷
印 刷	北京中科印刷有限公司
书 号	ISBN 978-7-5046-8328-1/G·813
定 价	66.00元

（凡购买本社图书，如有缺页、倒页、脱页者，本社发行部负责调换）

研究生教育质量报告编研组

主　编　　王战军　　北京理工大学研究生教育研究中心　　主任　教授　博士生导师
　　　　　　　　　　　清华大学教育研究院　　　　　　　　　　教授　博士生导师
　　　　　　　　　　　中国学位与研究生教育学会　　　　　　　副会长

副主编　　周文辉　　北京理工大学研究生教育研究中心　　副主任　研究员　博士生导师
　　　　　　　　　　　学位与研究生教育杂志社　　　　　　　　社长　执行副主编

编委会成员（排序不分先后）
　　　　　　廖湘阳　　湖南师范大学教育学院　　　　　　　　教授
　　　　　　耿有权　　东南大学高等教育研究所　　　　　　　研究员
　　　　　　周玉清　　学位与研究生教育杂志社　　　　　　　副编审
　　　　　　唐广军　　北京石油化工学院学科建设办公室　　　副研究员
　　　　　　王传毅　　清华大学教育研究院　　　　　　　　　副教授
　　　　　　吴　青　　武汉大学教育科学研究院　　　　　　　副教授
　　　　　　黄　欢　　学位与研究生教育杂志社　　　　　　　编辑
　　　　　　王小栋　　北京理工大学管理与经济学院　　　　　博士后

专家委员会成员

委员会主任

  赵沁平 中华人民共和国教育部   原副部长

      中国学位与研究生教育学会 原会长 中国工程院院士

委员会成员

  张 炜 西北工业大学   党委书记 教授

  丁雪梅 哈尔滨工业大学   副校长 教授

  叶茂林 北京市教育委员会   副主任 研究员

  张淑林 中国学位与研究生教育学会 副会长 研究员

  白海力 天津市教育委员会   副主任 教授

  陈 渝 重庆市学位委员会办公室 主任

  陈洪捷 北京大学中国博士教育研究中心 主任 教授

主编简介

王战军，1956年生，教育部高等教育教学评估中心原副主任。现任北京理工大学研究生教育研究中心主任、教授、博士生导师；清华大学教授、博士生导师；国家自然科学基金重点项目首席专家。

主要社会兼职有：中国学位与研究生教育学会副会长、《研究生教育研究》编委会副主任委员等。

30多年来，一直从事高等教育与研究生教育管理、教学、科研与评估研究；主要研究方向为研究生教育、高等教育、教育评估、教育发展战略、管理信息系统等。曾策划、研制并组织开展多项全国学位与研究生教育评估项目；组织参与多项全国高等教育评估项目；主持完成或正在进行的国家自然科学基金、国家社会科学基金、国务院学位委员会办公室委托课题等20余项；发表学术论文150多篇，其中多篇被《新华文摘》、中国人民大学《复印报刊资料》全文转载。出版著作多部，代表作有《高等教育监测评估理论与方法》《中国学位与研究生教育40年（1978—2018）》《中国研究型大学建设与发展》《学位与研究生教育评估理论与方法》、*The Construction and Development of Research Universities in China* 等。目前承担的主要课题有国家自然科学基金重点项目："互联网+"时代研究生教育管理变革与创新研究等。

Introduction to Editor-in-Chief

Wang Zhanjun, born in 1956, is the former deputy director of the Higher Education Evaluation Center of Ministry of Education. At present he holds the position of Director-general of the Graduate Education Research Center of Beijing Institute of Technology. He is both the Ph.D. supervisor and professor of Tsinghua University and Beijing Institute of Technology. He's also the chief expert on the National Natural Science Foundation.

The main social part-time positions include: Vice-chairman of the Chinese Society of Academic Degrees and Graduate Education, and Vice-chairman of the Editorial Committee of Journal of Graduate Education.

For more than 30 years, he has been engaged in the management, teaching, research and evaluation of higher education and graduate education. His main research interests include Graduate Education, Higher Education, Eduation Evaluation, Education Development Strategy, Management Information System and so on. He has planned, developed and organized many national Academic Degrees and Graduate Education Evaluation projects. And he has also organized and participated in a number of national Higher Education Evaluation projects. He has hosted or completed more than 20 projects commissioned by the National Natural Science Foundation, the National Social Science Fund, and the Academic Degrees Committee Office of the State Council. Among more than 150 academic papers published, some of them have been reprinted by Xinhua Digest or Information Center for Social Science of RUC. He has also published many works, including *The Theory and Method of Monitoring Evaluation in Higher Education*, *Retrospection on the Forty Years' Development of Academic Degrees and Postgraduate Education in China (1978-2018)*, *The Construction and Development of Research Universities in China*, *Theory and Method of Academic Degrees and Postgraduate Education Evaluation*, etc. The main ongoing research, the *Management Change and Innovation of Postgraduate Education in the "Internet Plus" Era*, is the key program of National Natural Science Foundation of China.

前　言

2018年是我国改革开放40周年，也是我国恢复研究生招生的第四个10年。40年来，我国研究生教育走过了从小到大、从弱到强、快速发展的不平凡历程。建立了具有中国特色的学位制度，实现了满足国内培养高层次人才的目标，建立了完整的研究生培养体系，构建了"五位一体"的质量保障体系，扩大了中国研究生教育的国际影响力。

2018年是我国教育事业发展具有里程碑意义的一年。这一年，国家召开全国教育工作大会。习近平总书记在大会讲话中指出，要坚持中国特色社会主义教育发展道路，培养德智体美劳全面发展的社会主义建设者和接班人。这为新时代我国教育事业的发展指明了方向。

2018年，我国研究生教育事业整体继续呈现良好的发展态势。研究生培养单位达到815个。研究生招生人数达到85.80万人，其中博士研究生招收人数近10万人。在校研究生人数达到273.13万人。毕业研究生人数首次超过60万人，达到60.44万人。研究生指导教师数为43.02万人。

2018年，我国研究生教育继续深化改革，持续提高质量，取得了新成就。一是教育部、财政部、国家发展改革委制定了《关于高等学校加快"双一流"建设的指导意见》，为加快"双一流"建设进一步明确了方向。二是国家更新了学位授予和人才培养目录，为新时代我国人才培养的规格制定提供了重要依据。三是深化学位授权审核改革，稳步推进高等学校开展学位授权自主审核工作，20所高校成为首批开展学位授权自主审核的单位。四是进一步加强研究生导师立德树人职能。为努力造就一支有理想信念、道德情操、扎实学识、仁爱之心的研究生导师队伍，2018年教育部制定了《关于全面落实研究生导师立德树人职责的意见》。五是持续推动全国高校学位授权点专项评估工作。2018年，国务院学位委员会第三十四次会议审议通过并下达了2017年学位授权点专项评估结果及处理意见。该次评估共有 80 个研究生培养学校的 202 个学位点参与，大部分学校评估结果为合格，7 所学校的 7 个学位点需要限期整改。

面对我国研究生教育事业发展的新时代，编研组以"年度"和"质量"为核心主题词，从"事实说""数据说""示范说""省域说""学生说""国外媒体和专家学者说"等多重视角，全方位、多层面、立体化呈现了 2018 年度中国研究生教育质量状态。

基于此，报告在内容方面做了如下布局：一是围绕立德树人、加快"双一流"建设、建立更加开放更高水平的培养体系、完善公共支撑体系、增强建设研究生教育强国自信五个方面，对 2018 年我国研究生教育质量进行了述评。二是用数据直观呈现了 2018 年度中国研究生教育质量状态。三是遴选出 2018 年中国研究生质量年度十大事件、年度质量单位上海市、年度质量人物中国农业大学康绍忠院士。四是从条件支撑度、社会贡献度和发展匹配度三个维度，对全国 31 个省、自治区、直辖市的研究生教育质量进行了单项排名。五是对全国 118 个研究生培养单位的 8.5 万名在校研究生进行了满意度调查，进一步全面了解中国研究生教育质量状况。六是综述了国外研究生教育动态和发展概况，使我们更加全面系统地掌握国外研究生教育的现状及趋势。同时，为了进一步增强报告的实用性，报告还编录了 2018 年中国学位与研究生教育要事志，收录了第三届中国学位与研究生教育学会研究生教育成果奖获奖名单。

通过《中国研究生教育质量报告》，我们努力达到三个目的：一是以第三方的视角，用数据和事实说话，科学、客观呈现我国研究生教育质量现状。二是从多角度、多层面客观呈现我国研究生教育年度质量状态。三是通过对我国研究生教育质量存在的问题及今后可能出现的问题进行科学评判，以引起有关部门和机构对相关问题的重视，为他们及时发现问题、研判问题和科学决策提供有益参考。

Preface

The year 2018 is the 40th anniversary of China's reform and opening up policy. It is also the fourth decade in China to resume graduate enrollment. In the past 40 years, China's graduate education has gone through an extraordinary process from small to large, weak to strong, and finally maintained rapid development. China has established an academic degree system with Chinese characteristics, and has achieved the goal of meeting the needs of cultivating domestic high-level talents and established a complete graduate training system with a "five-in-one" quality assurance system. All of these expanded the international influence of graduate education in China.

The year 2018 is a milestone in the development of education in China. This year, the state held the National Conference on Education. In his speech at the conference, general secretary of the CCCPC Xi Jinping pointed out that it is necessary to adhere to the development path of socialism education with Chinese characteristics and cultivate socialism builders and successors with all-round development of morality, intelligence, physique, artistry and labor. His speech pointed out the direction for the development of China's education in the new era.

In 2018, the graduate education in China has maintained a good momentum for development. The number of institutions qualified for issuing graduate degrees has increased to 815. The total number of graduate student enrollment has reached 8.5 million, of which nearly 100,000 are doctoral students. The number of graduate students at school has reached 2.731,3 million. For the first time, the number of graduates has exceeded 600,000, reaching 604,400. The number of graduate student advisers has reached 430,200.

The year 2018 has seen new progress in quality improvement and reforms in China's graduate education. First, Ministry of Education, Ministry of Finance, and the National Development and Reform Commission have formulated the *Guiding Opinions on Accelerating the Construction of "Double-first Class" in Colleges and Universities*, and further clarified the direction for accelerating the construction of "Double-first class". Second, the state has updated the catalogue of degree granting and personnel training, which provides an important basis for the formulation of the standards for talent training in China in the new era. The third is to deep the reform on degree authorization audit and steadily promote the self-audit of degree authorization in colleges and universities. There are 20 colleges and universities that has become the first units to carry out self-audit of degree authorization. The fourth is to further strengthen the role of graduate tutor. In an effort to create a team of graduate tutors with ideals, ethics, morality, solid knowledge, and benevolence, Ministry of Education formulated the *Opinions on the Full Implementation of the Duties of Graduate Tutors* in 2018. The fifth is to continue to promote the special evaluation of academic degree authorization points among national universities. In 2018, the thirty-fourth meeting of the Academic Degrees Committee of the State Council has reviewed and approved *The results of the thematic evaluation of 2017*, and released handling opinions. A total of 202 degree-level postgraduate training institutions from 80 colleges and universities has participated in the evaluation, of which most of them get results of "qualified", 7 institutions in 7 schools need to be rectified within a time limit.

Catering for the new trend of the reform of graduate education in the new era, this book presents the panorama of the quality of graduate education in China in 2018 based on visualized facts and data at different levels including the individual student, the provincial level, the national level. It also records views from different perspectives including the experts and foreign media.

The layout of the book is as follows: first, the quality of China's postgraduate education in 2018 is reviewed from five aspects, including focusing on foster character and civic virtue, accelerating the construction of "Double-first class", building a more open and higher-level training system, improving the public support system, and building a strong nation of postgraduate education; second, the data and evidence supporting the review is presented; third, 10 major events influencing the quality of graduate education in China are presented. Shanghai is selected as the Advanced Region for Graduate Education and academician Kang Shaozhong of China Agricultural University as the Person of the Year; fourth, the quality of graduate education of 31 provinces, autonomous districts and municipalities directly under the Central Government is respectively ranked judged from supporting resources, social contributions and development consilience; fifth, a survey report on the educational satisfaction rate for 85,000 graduate students at 118 institutions is presented to further understand the quality of graduate education in China; sixth, the latest development of international trend of graduate education is reviewed, and the latest comments from the foreign media on the quality of graduate education in China is summarized. Furthermore, reference sources are provided, such as the *Chronicle of Events of Graduate Education in 2018 in China* and *List of the Third Achievement Awards of Chinese Society of Academic Degrees and Graduation Education.*

We wish that the Annual *Report on of China's Graduate Education Quality* provides the readers with information and insights based on an objective overview of the quality of graduate education in China supported by scientific data and facts from multiple perspectives. In addition, we wish that the problems proposed and predicted could serve as reference for scientific decision-makings in a timely manner both to the academia and the administrative.

目 录

前言

第一章 研究生教育质量述评 …… 1

一、立德树人与培根铸魂 …… 1

二、加快"双一流"建设和扩大研究生培养规模 …… 5

三、建立更加开放更高水平的研究生培养体系 …… 11

四、建立与完善各种共享平台与公共支撑体系 …… 16

五、增强建设研究生教育强国的自信 …… 19

第二章 研究生教育质量数析 …… 24

一、研究生教育发展基本概况 …… 24

二、2018年研究生教育质量分析 …… 30

（一）研究生招生规模继续扩张 …… 30

（二）研究生就业质量良好 …… 31

（三）研究生参与科技创新规模稳定增长 …… 38

（四）研究生导师队伍建设持续加强 …… 39

（五）专业学位研究生教育规模快速增长 …… 41

（六）来华留学研究生规模首次突破8万名 …… 42

三、研究生教育质量存在的问题分析 …… 44

（一）研究生招生工作需进一步规范和改革 …… 44

（二）学位授予工作需要更加规范和严格 …… 45

（三）研究生教育服务经济社会发展的能力需要提升 …… 45

第三章　2018年度中国研究生教育质量事件、单位与人物 ………… 46

一、2018年度研究生教育质量事件 …………………………………… 46
（一）国家出台政策文件，促进高校加快"双一流"建设 ……… 46
（二）教育部狠抓研究生导师立德树人职责落实工作 ………… 48
（三）国家持续推动全国高校学位授权点专项评估工作 ……… 49
（四）国家更新学位授予和人才培养学科目录 ………………… 51
（五）国务院学科评议组和研究生教指委工作机制
　　　进一步完善 ……………………………………………… 52
（六）高等学校开展学位授权自主审核工作获新进展 ………… 53
（七）《中华人民共和国学位条例》修订工作加快进行 ……… 54
（八）高校研究生实验室安全保障不容忽视 …………………… 57
（九）研究生教育学学科建设推向深入，建立了研究生
　　　学术论坛 ………………………………………………… 58
（十）研究生招生数量的增长，反映了社会对研究生
　　　教育的需求 ……………………………………………… 58

二、2018年度研究生教育质量示范单位——上海市 ………………… 60
（一）上海市研究生教育概况 …………………………………… 60
（二）上海市研究生教育改革的主要举措 ……………………… 62

三、2018年度研究生教育质量人物——中国农业大学康绍忠院士 … 65
（一）人物简介 …………………………………………………… 65
（二）学术成就 …………………………………………………… 66
（三）研究生培养经验 …………………………………………… 68

第四章　省域研究生教育质量评价 ……………………………………… 71

一、评价的指标体系、数据来源及分析方法 ………………………… 71
（一）指标体系的设计原则 ……………………………………… 71
（二）2018年指标体系的内容 …………………………………… 72
（三）数据来源 …………………………………………………… 73
（四）数据处理方法 ……………………………………………… 74

二、省域研究生教育质量排名 ··· 74
（一）条件支撑度排名 ··· 74
（二）社会贡献度排名 ··· 84
（三）发展匹配度排名 ··· 92

三、省域研究生教育质量的年度变化 ································· 98

四、研究结论 ·· 103
（一）条件支撑度 ·· 104
（二）社会贡献度 ·· 104
（三）发展匹配度 ·· 105

第五章 研究生满意度调查 ··· 106

一、调查目的与方法 ·· 106
（一）调查目的 ·· 106
（二）调查方法 ·· 106

二、调查样本的基本情况 ·· 107

三、满意度调查结果 ·· 108
（一）研究生总体满意度 ·· 108
（二）课程教学满意度 ·· 112
（三）科研训练满意度 ·· 114
（四）指导教师满意度 ·· 117
（五）管理与服务满意度 ·· 119
（六）专业学位研究生满意度 ······································ 120

四、结论与分析 ·· 124
（一）研究生总体满意度达到八年来最高 ···························· 124
（二）不同研究生群体对研究生教育的满意度
  呈现均衡化趋势 ·· 124
（三）专业学位研究生满意度连续六年高于学术学位研究生 ······ 125
（四）研究生对某些方面满意度较低 ································ 126

第六章　研究生教育国际述评 ··· 127

一、国际媒体评介中国研究生教育发展 ······································ 127

（一）中国留学研究生回国热升温 ·· 127
（二）中国大学的博士研究生就业地位需要重新审视 ················ 128
（三）上海交通大学重视培养研究生的竞争力 ························ 129
（四）清华大学首次成为亚洲顶尖学府 ································ 129
（五）美国缩短了中国研究生签证的时长 ····························· 130

二、来华留学与海外留学概况 ·· 131

（一）来华留学：教育质量规范与奖学金设立 ······················· 131
（二）海外留学：出国攻读研究生发展趋势 ·························· 134

三、国际研究生教育动态 ··· 134

（一）美国：国际留学生申请人数和注册人数均有所下降 ········ 135
（二）英国：博士人才储备的担忧 ····································· 137
（三）澳大利亚：研究生教育经费支持项目改革 ··················· 138
（四）日本：启动卓越大学院项目 ····································· 139
（五）欧盟：一种新的博士教育体系"Eucor-欧洲校园" ········· 139

四、全球博士生教育发展概览 ·· 141

（一）澳、加、德、英、日博士生人数国家占比高 ················ 141
（二）全球博士生首选STEM专业 ····································· 142
（三）博士生就业率高、收入水平高 ·································· 142
（四）各国GERD与HERD的博士教育经费投入不同 ············· 143

附录 ··· 145

附录一　2018年中国学位与研究生教育质量要事志 ··················· 145
附录二　第三届中国学位与研究生教育学会研究生教育成果奖
　　　　　获奖名单 ·· 152

主要参考文献 ··· 156

后记 ··· 164

Contents

Preface

Chapter One Review and Comment of the Graduate Education Quality ·· 1

1. Strengthening Moral Education and Cultivating People ································· 1

2. Accelerating "Double-first Class" Construction and Enlarging Graduate Education of Scale ·· 5

3. Building a More Open and Higher Level Graduate Training System ············· 11

4. Building and Perfecting all kinds of Sharing Platform and Public Supporting System ··· 16

5. Enhancing Self-confience of Building a Strong Nation of Graduate Education ··· 19

Chapter Two Data Analysis of the Graduate Education Quality ······ 24

1. Basic Situation ··· 24

2. Analysis of Graduate Education Quality in 2018 ·· 30

 (1) Significant Growth of Graduate Enrollment Increasing Rate ···················· 30
 (2) Good Situation of Graduate Employment ·· 31
 (3) Steady Rising of Graduate Students' Participation Proportion in Scientific and Technological Innovation ··· 38
 (4) Advancing Cotinuously in Construction of Graduate Tutor Team ············· 39
 (5) Conitinuous Increase of Professional Degree Enrollment Rate ················· 41
 (6) International Students in China Firstly Breaking 80,000 ························ 42

3. Anlysis of Graduate Education Quality Issues ··· 44

 (1) Regulating and Reforming on Graduate Enrollment ······························· 44
 (2) Standardizing Strictly on Degree Authorzation ····································· 45

（3）Improving Ability of Graduation Education Services to Satisfy the
Demand of Society 45

Chapter Three Quality Events, Units and Characters of the Graduate Education in 2018 46

1. Quality Events 46

（1）Policy Documents are Promulgated to Accelerate "Double-first Class"
Construction 46

（2）Ministry of Education Pays Close Attention to the Implentation of Tutor's
Duties of Strengthening Moral Education and Cultivating People 48

（3）Pushing ahead the Thematic Evalution on Degree Authorization Units among
Colleges and Universities 49

（4）Upadating the Catalogue of Degree Authorization and Personnel
Training 51

（5）Perfecting Mechanism of Discipline Review Group of the State Council and
the Graduate Education Steering Committee 52

（6）New Progress in Self-audit of Degree Authorization in Colleges and
Universities 53

（7）Accelerating the Pace of the Amendments to the Regulations of the People's
Republic of China on Academic Degrees 54

（8）Safey Guarantee of Graduate Laboratory in Colleges and Universities
Cannot be Ignored 57

（9）Deepening on Discipline Construction of Postgraduate Pedagogy and
Establishing Academic Forum 58

（10）Increasing in the Number of Postgraduate Enrollments and Reflecting the
Demands of Society for Postgraduate Education 58

2.Quality Units: Shanghai Municipality 60

（1）General Introduction of Graduate Education 60

（2）Main Measures of the Reform 62

3.Quality Character: Kang Shaozhong, Academician, China Agricultural University 65

（1）Profile 65

（2）Academic Achievements 66

（3）Graduate Training ………………………………………………… 68

Chapter Four　Provincial Graduate Education Quality Evaluation …… 71

1. Index System，Data Source and Analytical Methods ……………………… 71

（1）Principle of Index System Design ……………………………………… 71

（2）Main Contents of Index System Design of 2018 ……………………… 72

（3）Data Source ……………………………………………………………… 73

（4）Data Processing Methods ……………………………………………… 74

2. Provincial Graduate Education Quality Ranking ………………………… 74

（1）Condition Supporting Degree Ranking ………………………………… 74

（2）Social Contribution Degree Ranking …………………………………… 84

（3）Fitting Degree Ranking ………………………………………………… 92

3. Annual Changes of Provincial Graduate Education Quality ……………… 98

4. Conclusions ………………………………………………………………… 103

（1）Condition Supporting Degree ………………………………………… 104

（2）Social Contribution Degree …………………………………………… 104

（3）Fitting Degree …………………………………………………………… 105

Chapter Five　Investigation on Graduate Satisfaction Degree ………… 106

1. Objective and Methods ……………………………………………………… 106

（1）Objective ………………………………………………………………… 106

（2）Methods ………………………………………………………………… 106

2. Brief Introduction of Survey Samples ……………………………………… 107

3. Main Conclusions …………………………………………………………… 108

（1）Overall Satisfaction Degree Towards Graduate Education …………… 108

（2）Satisfaction Degree Towards Course Teaching ………………………… 112

（3）Satisfaction Degree Towards Scientific Research Training …………… 114

（4）Satisfaction Degree Towards Tutors …………………………………… 117

（5）Satisfaction Degree Towards Management and Service ……………… 119

（6）Satisfaction Degree Towards Professional Degree Education ………… 120

4. Conclusions and Analysis ………………………………………………… 124

（1）Highest Overall Satisfaction Rate for Eight Years …………………… 124

（2）Balanced Trend of Satisfaction Rate of Different Postgraduate Groups on Graduate Education ······ 124

（3）Higher Satisfaction Rate of Professional Degree Graduate Students than that of Academic Degree Students for Six Consecutive Years ······ 125

（4）Less Satisfaction Rate with Some Aspects ······ 126

Chapter Six International Review of the Graduate Education ······ 127

1. Foreign Reviews on China's Graduate Education Development ······ 127

（1）Increasing of returned Chinese Graduate Students ······ 127

（2）Re-examining of the Employment Status of Doctoral Students at Chinese Universities ······ 128

（3）Attaching Great Importance to Training Graduate Students' Competitiveness by Shanghai Jiaotong University ······ 129

（4）Tsinghua University to be the Top University in Asia for the First Time ······ 129

（5）Shortening the Length of China's Gradate Visa by the United States ······ 130

2. Overview of Studying in China and Studying Abroad ······ 131

（1）Studying in China: Education Quality Standardized and Scholarships Established ······ 131

（2）Studying Abroad: Development Trends of Chinese Students Going Abroad for Graduate Education ······ 134

3. New Trends in Foreign Countries ······ 134

（1）The United States: Declines of International Students Applicants and Registered Applicants ······ 135

（2）The United Kingdom: Concerns about the Doctoral Talents Reserve ······ 137

（3）Australia: Reform on Higher Education Funding Support Project ······ 138

（4）Japan: Launch of the Graduate School of Excellence Program ······ 139

（5）European Union: New Doctoral Education System—Eucor-European Campus ······ 139

4. Overview of Global Doctoral Education Development ······ 141

（1）High Proportion of Doctoral Students in Australia, Canada, Germany, Britain and Japan ······ 141

（2）Preferred STEM Major of Doctoral Students Worldwide ······ 142

(3) High Employment Rate and High Income Level of Ph.D Students ·············· 142
(4) Insufficient Investment in Doctoral Education for GERD and HERD in
    Various Countries ··· 143

Appendix ··· 145

Appendix I　Events of Chinese Degree and Graduate Education
            Quality of 2018 ·· 145

Appendix II　List of the Third Achievement Awards of Chinese Society
             of Academic Degrees and Graduation Education ······················· 152

Main References ··· 156

Postscript ··· 164

第一章 研究生教育质量述评

2018年是中国改革开放40年，也是恢复研究生教育的40年。40年来，我国研究生教育经历了不平凡的改革历程、大跨越的发展历程、掀波澜的壮大历程。2018年我国学位与研究生教育改革发展的一个典型特征是巩固改革成果，加快发展步伐，应对新的问题，汇聚各方力量，建立更高水平的人才培养体系，健全更加协同的人才培养格局。

一、立德树人与培根铸魂

习近平总书记在2018年全国教育大会上强调，坚持中国特色社会主义教育发展道路，培养德智体美劳全面发展的社会主义建设者和接班人。研究生教育是培养高层次专门人才的主要途径，是国家人才竞争和科技竞争的重要支柱，很多国家把研究生教育作为培养和吸引优秀人才的重要途径。研究生教育质量既体现在专业技能上，又体现在个性品格上，其重要性就要求考虑"培养什么样的人"这一首要问题。培养什么人，是教育的首要问题。教育的改革发展要始终围绕培养什么人、怎样培养人、为谁培养人这一根本问题。

研究生培养过去一段时期过于侧重"才"而忽略"人"

研究生培养过去一段时期过于侧重"才"而忽略"人"。其一，个别研究生缺乏理想信念、爱国情怀，欠缺健全人格、坚韧品质，忽略学术规范、职业素养。近期发生的一些典型事件反映了这一点，厦门大学2018年9月1日发布消息称"洁洁良"事件的当事人田佳良被开除中共党籍、退学。此前，该校环境与生态学院在读研究生田佳良以"@洁洁良"的网名在新浪微博上发表一些仇视中国人的错误言论，产生了十分恶劣的社会影响；2018年以来连续发生多起在读硕士、博士研究生自杀的悲剧，令人痛心、惋惜；2018年以来被媒体披露的博士、硕士学位论文抄袭事件就达 10 余起，学术规范的底线屡屡被"突破"。其二，一些培养单位思想政治教育和研究生党建工作不得力，研究生思想政治教育课程形同虚设、研究生党支部活动极少开展、"三会一课"制度没有坚持等现象并非极个别。培养单位缺乏一套科学合理的评价体系，缺乏对导师立德树人职责落实的监测，缺乏对学生综合素质提升的评价，研究生教育评价中旨在直接产出大量的创新成果的功利化现象明显、各种外在的刚性要求越来越多的强制性特征突出。其三，部分研究生导师偏重研究生的学业进步，忽略研究生的人格塑造；偏重指导权力的行使，忽略教育责任的履行；偏重成果产出，忽略过程训练和学术规范；偏重自身学术发展，忽略研究生培养指导。原本应该和谐、平等的师生关系不同程度地异化成了冰冷的"劳资关系""雇佣关系"，这不仅损害了研究生导师的形象，而且激发了师生矛盾，极不利于提高研究生培养质量。这些年发生的研究生自杀悲剧几乎都与导师的指导方式和职业道德有关联，甚至是部分悲剧的主要诱因之一。

导师偏重研究生的学业进步，忽略教育责任的履行

立德树人作为研究生导师的首要职责

第一，全面落实研究生导师立德树人职责。高质量研究生教育依赖于一支有理想信念、道德情操、扎实学识、仁爱之心的研究生导师队伍。研究生导师是我国研究生培养的关键力量，肩负着培养国家高层次创新人才的使命与重任。2018年1月17日教育部印发《关于全面落实研究生导师立德树人职责的意见》[①]，把立德树人作为研究生导师的首要职责。履行好第一责任人神圣职责，研究生导师就要坚持社会主义办学方向，坚持教书和育人相统一，坚持言传和身教相统一，坚持潜心问道和关注社会相统一，坚持学术自由和学术规范相统一；就要以德立身、以德立学、以德施教、以德育人；就要遵循研究生教育规律，创新研究生指

---

① 中华人民共和国教育部. 关于全面落实研究生导师立德树人职责的意见［EB/OL］.（2018-02-09）［2019-03-20］. http://www.moe.gov.cn/srcsite/A22/s7065/201802/t20180209_327164.html.

导方式,潜心研究生培养,做研究生成长成才的指导者和引路人。

第二,加强研究生思想政治教育和研究生的党建工作。研究生党员是青年的优秀代表,是研究生中的先进分子,是中国特色社会主义建设者和接班人的骨干力量,具有重要的模范带头作用和示范引领作用。2018年8月,教育部办公厅发出通知,组织开展全国高校"百个研究生样板党支部"和"百名研究生党员标兵"创建工作,遴选创建100个研究生样板党支部,推荐产生100名研究生党员标兵,辐射带动全国高校研究生党建工作[①]。通过"研究生党建双创活动",充分发挥研究生基层党组织的战斗堡垒作用和研究生党员的先锋模范作用,是全面激发研究生努力成为德智体美劳全面发展的社会主义建设者和接班人的重要举措。

第三,严格规范指导方式和师生关系。2018年,研究生导师制度建设的一个显著特征是在重申正面引导性要求的同时出台"红线"或"禁令"。江苏省列出了研究生导师职业道德规范"十不准",明确指出导师不得发生学术不端、冒领助研津贴、安排研究生承担私人和家庭生活事务等行为,从各个层面划出十条"红线"来约束导师行为,实行导师资格"一票否决+动态考核"[②]。西安交通大学推出以"八要""十不准"为主要内容的《研究生导师立德树人职责实施细则》[③],把研究生培养全过程归纳为"八要""十不准",细化为58个具体要求,做到了可操作、可考核,真正建立起立德树人引导机制。

培养研究生**成长成人成才**是研究生教育的**根本使命**

培养研究生成长成人成才是研究生教育的根本使命。人是教育的对象,问题是出于什么目的和基于哪个角度将人视为教育的对象,是局限于训练而刻意忽

---

① 教育部办公厅.关于开展高校"百个研究生样板党支部"和"百名研究生党员标兵"创建工作的通知[EB/OL].(2018-08-28)[2019-03-20]. http://www.moe.gov.cn/srcsite/A12/moe_1416/s255/201808/t20180828_346384.html.

② 江苏省学位委员会,江苏省教育厅.关于印发《江苏省研究生导师职业道德规范"十不准"(试行)》的通知[EB/OL].(2018-10-29)[2019-03-20]. http://jyt.jiangsu.gov.cn/art/2018/10/29/art_58320_7856114.html.

③ 教育部研究生司.西安交通大学推出研究生导师"八要""十不准"立德树人行为引导机制[EB/OL].(2018-07-09)[2019-03-20]. http://www.moe.gov.cn/s78/A22/moe_847/201807/t20180709_342433.html.

视人的其他维度，还是将教育的对象视为具体的具有生命的、活生生的人。我们要培养的研究生是富有朝气、充满活力的人，研究生教育应当既是科学的又是人文的。

首先，研究生教育要回归到培养人这一根本。"研究"是研究生教育的最显著特征，但并不意味着"研究"就是研究生教育的目的，至少不是唯一的目的，培养高素质人才方是其根本目的。"本立而道生"，研究生教育要回归学生，兼顾研究生的成人和成才两个方面的发展；要回归课程，发挥专业课程学习对于学术发展和素质提升两方面的积极作用；要回归过程，在培养过程中指导和培养学生。研究生导师受过严格的学术训练，却普遍缺乏系统的学术指导和人才培养训练，其指导更多的是基于自身经历和体验，因此研究生导师需要反思"我自己所受的教育是处于何种状态，我对学生们的教育又处于何种状态"，从外在的合需求之教提升到内在的合原则之教，再精进到本性的合规律之教。研究生成才和发展要经历一个相对较长的周期，要使研究生顺利度过研究生生涯的各个阶段，需要建立专门的辅助支持系统，需要导师的专门指导和帮助，需要各种社会组织的广泛支持，需要研究生良好的社会关系的鼓励。这种支持、鼓励和指导是全方位全过程的，不能只关注学业发展，也不可能只关注学校表现，而是旨在研究生成长成人成才的全面自由发展。

其次，我们培养的人才应当是德才兼备的。钱学森之问——"为什么我们的学校总是培养不出杰出的人才"引起了广泛讨论，要破解这一事关中国教育事业发展的艰深命题，需要整个教育界乃至社会各界共同参与，不只是学校的责任，政府也应负起很大责任；需要全面发展教育，不只是智育，德体美劳都不可或缺；需要战略眼光，不只是关注学生在校学习表现甚至考试成绩，还要前瞻性地考虑其未来发展。"才者，德之资也；德者，才之帅也"。无论什么人，唯有以德领才，以德润才，才方堪用，方可大用。如果只是从狭义的专业技能发展来谈人才培养，又怎么可能培养出杰出的一流人才呢？有两句话足以证明这一点，一是毛泽东1917年在《体育之研究》一文中提出的，"欲文明其精神，先自野蛮其体魄；苟野蛮其体魄矣，则文明之精神随之。"二是诺贝尔奖获得者李政道在《科学与艺术》中所反问的，"没有情感的因素和促进，我们的智慧能够开创新的道路吗？而没有智慧的情感能够达到完美的意境吗？"新时代人才的能力要素与结构已经从满足单一硬技能或者狭隘的专业技能转向兼顾"软技能"。研究生要成才要成就一番丰功伟绩，既要有一身真正过硬的专业知识和能力等硬技能，又要有体现胜任力的专业精神、职业道德以及人际技能等软技能，还要有乐观自信、充满责任担当等强素质。为此，要增强学生的中国特色社会主义道路自信、理论自信、制度自信、文化自信，立志肩负起民族复兴的时代重任；教育引导学生树立高远志向，要有为国建功立业的鸿鹄之志，具有勇于奋斗的精神状态、乐观向上的人生态度；历练学生敢于担当、不懈奋斗的品质，引导研究生树立投身社会义务、社会奉献来彰显自己能力的价值观。

最后，研究生思想政治教育要不断创新。研究生都是心理相对成熟的青年人，与其他教育阶段的学生有着显著的差异，其人生阅历和实践体验可以使思想政治教育言之有物，而伴随其中形成的分析能力和倾向性又对思想政治教育提出了更高的要求，要针对其社会认知、职业目标的特殊性，结合成才创业、责任担当等方面，来提升思想政治教育的有效性。研究生培养机制、模式与途径的特殊性造成其思想政治教育的特殊性，要在做好做优思政课程品牌、课程体系教育的基础上，深度地嵌入和自然地融入科学研究、社会服务等活动过程之中，尤其是要在研究生参与知识创新的体验中保持兴趣和增强自信。研究生面临着巨大的学术压力和就业压力，要从学术规范和健全人格两翼切入，以学术道德教育和心理健康咨询为抓手，以知识创新的积极体验为契机，增强研究生的成就感和获得感。健全的研究生导师与研究生关系是培养人才和保证质量的基本要求，要合理处理人才培养与科学研究的关系，既要抓研究生科研，更要培养人；要建立导师行使权力的制度化规范，重构师生相处模式，维持更加对等尊重的师生权利关系，营造更加和谐包容的学习氛围。

二、加快"双一流"建设和扩大研究生培养规模

2018年5月2日，习近平总书记在北京大学考察时强调，坚持好、发展好中国特色社会主义，把我国建设成为社会主义现代化强国，是一项长期任务，需要一代又一代人接续奋斗。党和国家事业发展对高等教育的需要，对科学知识和优秀人才的需要，比以往任何时候都更为迫切，国家发展同大学发展相辅相成，

要在国家发展进程中办好高等教育，办出世界一流大学，首先要在体现中国特色上下功夫。新时代研究生教育必须做出新的时代回应和新的历史贡献。如何抓住战略机遇，怎么做出积极应对，是对我国研究生教育战线的定力和魄力、智慧和勇气的考验。

新时代研究生教育必须做出新的时代回应和新的历史贡献

研究生教育发展仍然满足不了社会发展的需求，跟不上社会发展的步伐。其一，作为国家高等教育重大战略的"双一流"建设亟须加快推进。2016年启动"双一流"建设以来，各地各高校积极推进，当前已转入全面实施新阶段，整个建设呈现出良好态势，为下一步加快建设打下了良好基础。但是，"双一流"建设还不同程度存在站位不高、定位不准、思路不清、机制不活、措施不力、效果不显等问题，需要进一步加大建设力度和改革力度、推进理念创新和举措创新。其二，我国高学历人才缺口仍巨大。中国教育在线发布的《2019年全国研究生招生调查报告》显示，2019年全国硕士研究生报名人数强势增长，报名人数达到290万人，较上一年激增52万人，增幅达到21.8%，成为近十年增幅最大的一年，也创下改革开放40周年以来的最高纪录[①]。但我国人口基数大，千人注册研究生数、就业人口中受过研究生教育的比例等衡量高层次人才聚集水平和国家创新能力的关键指标与美国等国家相比仍然较低，我国要跻身创新型国家前列，亟需更多的高层次专门人才。

"功以才成，业由才广"，未来科技竞争和国家竞争的关键是高层次人才竞争。在新一轮科技革命和产业变革兴起的关键时期，研究生教育超前部署确有必要。2018年研究生教育呈现出再一次加速发展的态势。

第一，加快"双一流"建设。2018年8月8日，教育部、财政部、国家发展改革委印发《关于高等学校加快"双一流"建设的指导意见》[②]，提出要以中国

---

① 中国教育在线. 2019年全国研究生招生调查报告［EB/OL］.（2019-01-16）［2019-04-20］. http://www.eol.cn/html/ky/2019report/section2.html#sc_2.

② 教育部，财政部，国家发展改革委. 关于高等学校加快"双一流"建设的指导意见［EB/OL］.（2018-08-23）［2019-04-20］. http://www.moe.gov.cn/srcsite/A22/moe_843/201808/t20180823_345987.html.

特色世界一流为核心，以高等教育内涵式发展为主线，落实立德树人根本任务，紧紧抓住坚持办学正确政治方向、建设高素质教师队伍和形成高水平人才培养体系三项基础性工作，以体制机制创新为着力点，全面加强党的领导，调动各种积极因素，在深化改革、服务需求、开放合作中加快发展，努力建成一批中国特色社会主义标杆大学，确保实现"双一流"建设总体方案确定的战略目标。2018年9月28—29日，教育部在上海召开"双一流"建设现场推进会[①]。教育部领导讲话指出，要按照可靠的、合格的、真实的、有特色、有竞争力、有产出、可持续的目标，坚持"特色一流、内涵发展、改革驱动、高校主体"，以体制机制创新为着力点，切实做好培养高素质人才、服务重大需求、提升科研创新水平、深化国际合作交流、加强教师队伍建设、坚持特色发展这六件事。上海市按照"系统设计、问题导向、聚焦特色、分类发展"的发展思路，制定了《上海高等学校创新人才培养机制，发展一流研究生教育试行方案》，于2019年起正式实施上海一流研究生教育引领计划，以探索形成具有标志性、引领性的研究生教育改革措施和途径[②]。浙江大学召开"双一流"建设专题研讨会，围绕担当意识有待加强、方向凝练不够明晰、实施举措不够细化、战略谋划有待加强、资源拓展有待推进等方面提出了针对性的意见建议，高水平推进学科内涵建设，构建一流创新生态系统，高质量推进"双一流"建设[③]。

第二，学位授权自主审核改革再进一步。2018年4月，国务院学位委员会印发《关于高等学校开展学位授权自主审核工作的意见》[④]，决定稳步推进高等学校开展学位授权自主审核工作，并公布了经国务院学位委员会第三十四次会议审议批准可开展学位授权自主审核的单位名单。学位授权自主审核改革既落实了依

---

① 中华人民共和国教育部. 推动"双一流"加快建设、特色建设、高质量建设——教育部召开"双一流"建设现场推进会［EB/OL］.（2018-09-30）［2019-04-11］. http://www.moe.gov.cn/jyb_xwfb/gzdt_gzdt/moe_1485/201809/t20180930_350535.html.
② 上海市教育委员会.关于印发《上海高等学校创新人才培养机制 发展一流研究生教育试行方案》的通知［EB/OL］.（2018-11-01）［2019-03-20］http://www.shmec.gov.cn/html/xxgk/201811/418062018011.html.
③ 浙江大学. 浙江大学召开专题研讨会加快推进"双一流"建设［EB/OL］.（2018-07-23）［2019-03-20］. http://www.moe.gov.cn/s78/A22/moe_847/201807/t20180723_343619.html.
④ 国务院学位委员会. 关于高等学校开展学位授权自主审核工作的意见［EB/OL］.（2018-04-27）［2019-03-20］. http://www.moe.gov.cn/srcsite/A22/yjss_xwgl/moe_818/201804/t20180427_334449.html.

法行政要求和《学位条例》规定的基本制度，又有效增加了政策供给，赋予部分高校更大办学自主权，开辟了学位授权审核制度的新路子[①]。这是落实国务院"放管服"要求，深化学位授权审核制度改革，探索和开辟新时代学位授权审核改革的必然趋势；是推进研究生培养供给侧结构性改革，鼓励高校立足科技前沿和社会需求，自主设置学科目录规定的一级学科和专业学位类别以及交叉学科，及时满足社会不断产生的对部分领域高层次人才的脉冲式、阶段性需求的有效举措。

第三，调整学科专业目录。学科专业目录在我国学位与研究生教育制度建设和培养实践中扮演着非常重要的角色，推动着研究生教育学科结构变化和人才培养模式创新。2018年3月14日，国务院学位委员会、教育部印发《国务院学位委员会、教育部关于对工程专业学位类别进行调整的通知》[②]，将工程专业学位类别调整为电子信息、机械、材料与化工、资源与环境、能源动力、土木水利、生物与医药、交通运输8个专业学位类别，工程博士相应从目前的4个领域调整为与之对应的8种专业学位类别。调整工程专业学位类别，统筹工程硕士和工程博士专业人才培养，有助于更加有效地服务国家经济社会发展大局，更加真正地体现"服务需求、提高质量"。国务院学位委员会办公室2018年4月更新发布的《学位授予和人才培养学科目录》对近年来学科目录调整和新增等变化进行了汇总。

第四，服务国家战略需求培养急需紧缺人才。研究生培养单位将学术探索与服务需求紧密融合，瞄准国家重大战略和学科前沿发展方向，立足科技革命和产业革命新趋势，培植人工智能等前沿和交叉学科领域的新的学科生长点。清华大学按照"高端定位、清华特色、中国视角"的学校专业学位设置标准，着力推进建设了一批具有清华特色和时代风格的高水平专业学位培养项目，其中"核电工程与管理国际人才工程硕士学位项目"服务国家"核电走出去"战略，旨在培养一批了解中国社会、熟悉中国核电企业、掌握核电知识和技能的国际人才，促进世界核电事业和平发展；国内首个混合式教育学位项目"数据科学与工程

---

① 教育部学位管理与研究生教育司.落实"放管服"要求，放权部分高校开展学位授权自主审核——国务院学位委员会办公室、教育部学位管理与研究生教育司负责人答记者问［EB/OL］.（2018-04-27）［2019-03-20］. http://www.moe.gov.cn/jyb_xwfb/s271/201804/t20180427_334522.html.

② 国务院学位委员会，教育部.关于对工程专业学位类别进行调整的通知［EB/OL］.（2018-03-14）［2019-03-20］. http://www.moe.gov.cn/srcsite/A22/yjss_xwgl/moe_818/201803/t20180326_331244.html.

专业学位项目"面向学习个性化，采用基于慕课（MOOC）的翻转课堂模式，整合多院系以及校外的优质教学资源，如吸纳阿里、腾讯等行业专家参与教学和课程体系建设①。

发展是第一要义，以何种发展观来指导发展则是第一要义的基础。对于我国研究生教育的又一次加速发展，需要从多个角度进行分析和预测。

社会经济发展模式对人才储备冗余量提出了特殊要求，不能把当前研究生就业难度加大简单地称为过度教育

首先，发展速度的评估，即要不要加速发展的问题。当前社会经济发展模式发生了根本性变化，其对人才储备冗余量提出了特殊要求，不能把当前研究生就业难度加大简单地称为过度教育。从传统的就业领域和岗位、传统的培养目标定位和培养模式而言，研究生培养规模可能在某个局部是超过需求的，但从整个社会发展大局来看，从新型高层次人才的急需来看，研究生培养规模还应当进一步扩大。评判研究生教育规模是过多还是仍有发展空间，要从教育和科研系统内部转向社会，从当前现实的人才需求拓展到充分利用各种可能发展机会的人才需求，从关注研究生培养规模绝对数、研究生与本科生的规模比例延伸到提升每千人口中研究生的比例、就业人员中受过研究生教育的比例、制造业强国建设中制造业就业人员中受过研究生教育的比例等。

其次，发展方向的确定，即怎么发展的问题。适应需求始终是研究生教育改革发展的根本方向和基本原则。研究生教育加速发展要立足社会需求，坚持两翼并进，一翼是主动对接国家和区域重大战略，一翼是积极服务企业等社会组织的各种急需；要推进高层次人才供给侧结构性改革，优化不同层次学生的培养结构，适度扩大博士研究生规模，加快发展博士专业学位研究生教育，尤其是要在人工智能、网络安全等前沿科技领域大力培养高精尖急缺人才；要多方集成教育资源，大力培养行业急需的应用型研究生。当前最紧迫的需求是什么？最急需的需求是什么？大规模需求集中在哪些领域和层次、类型？新的小规模特殊需求又

---

① 清华大学. 深化专业学位研究生教育综合改革举措成效［EB/OL］.（2018-02-06）［2019-03-20］. http://www.moe.gov.cn/s78/A22/moe_847/201802/t20180226_327757.html.

将出现在哪些领域？对这些需求特征和需求变化的回答依赖于基础性调查、大数据分析和科学性预测。

再次，发展重点的选择，即发展什么的问题。比如深化博士研究生教育综合改革，发展博士生教育不是简单地增加招生指标，而是要从体制机制入手，探索建立以科研为导向增加招生计划的新机制，建立与科研项目紧密结合的招生培养联动制度。规模扩大是必然的，问题是怎么扩大？问题是当前的加速发展是否真正紧扣时代需求？是否是真正的内涵式发展？是有质量的发展？以"双一流"建设高校发布的进展报告为例，既要关注建设高校取得了哪些进展，在哪些方面取得了进展，又要关注学校所看重的是哪些方面的进展，这些进展是否围绕中国特色世界一流这一核心、高等教育内涵发展这一主线，是否紧扣三项基础性工作，还要关注这些进展的取得是学校发展惯性的结果还是体制机制创新的结果，是过去发展积累的最佳水平展现还是未来更大发展的良好基础。"双一流"建设所需要的不仅仅是积累式成果的显现，更需要基于体制机制创新的突破式成果的展现，解决好发展的体制机制和理念模式比取得阶段性的量的爆发更有意义，影响更为深远。

未来应当加强社会需求在学科设置中的真正分量和实际体现

最后，发展空间的拓展，即如何扩大发展机会的问题。这里只讨论学科设置与适应社会需求的关系问题，一个基本观点是不应该用目前设置的学科去套某种人才、职业需求是否有成熟学科来支撑，而是要主动地去夯实相应社会需求的知识基础。对于新出现的各种新职业和新需求，比如"家政服务"不是它符不符合设置专门研究生学科专业的问题，而是如何为之重组知识体系的问题。我国一直强调按照知识体系来设置学科，未来应当加强社会需求在学科设置中的真正分量和实际体现。过去一直认为知识体系是客观的，实际上它越来越受社会需求的影响，可以整合现有的知识体系去适应新需求，比如对于人工智能、芯片产业；可以创建新的知识技能体系去适应新需求，比如家政服务；可以分离现有的知识体系而将其中某个方面做大做强去适应特定的迅猛发展的新需求，比如网络安全；等等。

三、建立更加开放更高水平的研究生培养体系

研究生培养体系面临着新的挑战。在 2018 年第四届中国研究生教育国际论坛上,海外学者的报告主题从一个侧面充分显示了这一点。美国研究生院理事会副主席朱莉娅·肯特(Julia Kent)女士报告主题是《为今天的研究生应对未来研究挑战作准备》、英国卡迪夫大学物理与工程学院教育和学生事务院长安德鲁·罗伯茨(Andrew Roberts)报告主题是《"真实学习"应对世界"重大挑战"》、英国卡迪夫大学工程学院副主任阿兰·关(Alan Kwan)报告主题是《21 世纪研究生应掌握的"新兴"技能》、英国高等教育质量保障署国家和国际处处长罗威娜·普莱克(Rowena Pelik)报告主题是《突破边界:交互式的质量保障体系》、哈佛商学院出版社国际事务高级副总裁维奈·赫巴(Vinay Hebbar)报告主题是《未来的工作——对未来领导者的启示》[①],这些报告都强调研究生培养体系要追求更加开放和更高水平。

我国教育在过去 40 年的长足发展是在改革开放大环境下取得的,未来有质量的发展也必须在更加开放的条件下才可能得以实现。我国开放的、高水平的研究生培养体系建设取得显著成绩,但仍面临着不断变化的新环境新问题。其一,研究生教育国际影响力与我国综合实力不匹配。我国与 47 个国家和地区签署了学历学位互认协议,吸引了近 49 万人来华留学,留学研究生在学规模达 7.6 万人,成为亚洲最大的留学目的国[②]。据教育部的相关数据,我国留学出国人数已从 2008 年的 17.98 万人猛增至 2017 年的 60.84 多万人,其间增长约 2.4 倍。这些数据和变化说明我国教育对外开放取得了显著成就,但是距离《学位与研究生教育发展"十三五"规划》提出的到 2020 年"国际影响力显著增强,建成亚太区域研究生教育中心"还有非常大的差距。其二,各方资源充分参与更高水平

---

① 教育部学位与研究生教育发展中心.唱响研究生教育"高端引领 创新互动"的"同一首歌"——第四届中国研究生教育国际论坛圆满闭幕[EB/OL].(2018-11-17)[2019-03-20]. http://www.cdgdc.edu.cn/xwyyjsjyxx/sy/syzhxw/284387.shtml.

② 杜占元.深化研究生教育改革,推动内涵发展再上新水平——在2018年度省级学位委员会、学科评议组和教指委工作会议上的讲话[EB/OL].(2018-04-17)[2019-04-06]. http://www.moe.gov.cn/s78/A22/moe_847/201804/t20180417_333427.html.

研究生培养体系共建的机制亟待创新。我国培养的研究生创新能力和实践能力不强，应用型、复合型研究生培养难以落地，其缘由之一就是科教融合、产教融合与预期目标还有很大的差距，研究生教育系统还存在着较为明显的封闭性。研究生培养单位没有充分认识到过去所占有的优质资源已经发生了显著的变化，没有真正认同企业已经成为异质性知识的生产主体，没有真正建立相应的机制来应对这一变化。其三，资源开放共享导致研究生教育竞争加剧。截至2019年4月，edX平台共提供来自麻省理工学院等知名高校的53个微硕士项目（MicroMasters Program）[①]。"微硕士"项目是"互联网＋高等教育"变革时代推出的一款面向硕士研究生的"教育产品"，对硕士层面的研究生教育的提供方式和培养模式产生颠覆性的影响，动摇了传统高等教育在文凭话语权、知识生产、教育资源供给方面的垄断地位，推动资源在校际间、国际间流动，而这些对于我国研究生教育尤其是现行的学位授予制度和体系提出了新的挑战。

研究生教育系统还存在着较为明显的封闭性

教育部、国务院学位委员会2017年1月正式发布的《学位与研究生教育发展"十三五"规划》提出，到2020年"基本形成结构优化、满足需求、立足国内、各方资源充分参与的高素质高水平人才培养体系，国际影响力显著增强，建成亚太区域研究生教育中心"。我国研究生教育开放发展已呈现出新的态势。

第一，国际合作适应更高水平的要求。截至2018年6月，中外合作办学机构和项目共有2342个，其中本科以上机构和项目共1090个。2018年7月，教育部印发《关于批准部分中外合作办学机构和项目终止的通知》[②]，依法终止234个本科以上中外合作办学机构和项目，这一强化退出机制既旨在加强中外合作办学的监管力度，确保办学水平和教育质量，又旨在推动中外合作办学优化升级，坚持内涵发展和提质增效。国家留学基金管理委员会发布消息，国家公派

---

① Edx.Choose Your MicroMasters Program［EB/OL］.（2018-04-17）［2019-04-06］.https://www.edx.org/micromasters.

② 教育部办公厅.关于批准部分中外合作办学机构和项目终止的通知［EB/OL］.（2018-07-05）［2019-04-06］. http://www.moe.gov.cn/srcsite/A20/moe_862/201807/t20180705_342056.html.

硕士研究生项目自2019年起不再实施[1]，此前国家公派硕士研究生项目主要选派攻读硕士学位研究生和联合培养硕士研究生两类，由国家留学基金委员会资助一次往返国际旅费及奖学金、生活费，攻读硕士学位人员可申请学费资助。2018年教育部发布《来华留学生高等教育质量规范（试行）》，是我国首次专门针对来华留学教育制定的质量规范文件，规定了来华留学学生高等教育人才培养目标，比如"硕士层次来华留学生应当在本学科领域中具有较好的国际视野，能够在多个国家的实际环境中运用和发展本学科的知识、技能和方法，并具备参与国际事务和国际竞争的能力"[2]。这一规范性文件为高等学校开展来华留学教育提供了规范统一的基本准则和基本依据，将有助于推进来华留学硕士和博士教育的积极有序发展和质量保证。

国家公派硕士研究生项目自2019年起不再实施

第二，与社会企业的开放与互动进入深层次。全国工程专业学位研究生教育指导委员会结合综合改革，探索出"点对点"（单个院校与单个企业开展联合培养工作）和"点对面"（依托一个研发单位，面向区域企业和相关院校开展联合培养工作）的联合培养模式，评选出108个具有示范意义的"点对点"联合培养基地，建立"点对面"的开放性联合培养基地，加强校企联合培养工作[3]。广东省围绕地方经济发展和产业升级转型的关键性课题，以及企业需解决的实际问题开展研究生联合培养，学科链、专业链精准对接产业链，坚持行业企业"四参与"，即深度参与研究生招生、深度参与人才培养方案制定、深度参与研究生教学、深度参与研究生管理，全面服务现代产业发展需求[4]。

---

[1] 国家留学基金管理委员会. 关于2019年不再实施国家公派硕士研究生项目的通知[EB/OL].（2018-12-03）[2019-04-06]. https://www.csc.edu.cn/news/gonggao/1396.

[2] 中华人民共和国教育部. 关于印发《来华留学生高等教育质量规范（试行）》的通知[EB/OL].（2018-10-12）[2019-04-06]. http://www.moe.edu.cn/srcsite/A20/moe_850/201810/t20181012_351302.html.

[3] 工程专业学位研究生教育指导委员会.立德树人　砥砺奋进深化工程专业学位研究生教育综合改革[EB/OL].（2018-03-19）[2019-04-06]. http://www.moe.gov.cn/s78/A22/moe_847/201803/t20180319_330491.html.

[4] 广东省教育厅. 以现代产业发展需求为导向　深入推进专业学位研究生教育综合改革［EB/OL］.（2018-03-12）[2019-04-06]. http://www.moe.gov.cn/s78/A22/moe_847/201803/t20180312_329594.html.

第三,"项目制"成为当前专业学位研究生教育基层组织变革探讨的一个热点。研究生教育组织变革与培养模式相互促进,讲座制、学系制、研究生院制适应了不同类型的研究生培养。武汉大学以项目制为依托,实行多元化实践基地管理模式,管理模式由单一模式逐步发展到"高校—企业—项目""高校—事业单位—服务""高校—科研机构—课题"多种模式[①]。北京师范大学试点项目组制学习模式,在研究生入学之初便组建课题组制学习小组,由校企共同设计团队合作学习实践项目,全方位提升研究生的实践创新能力及团队协作能力,打造职业素养和实践能力协同培养的专业学位研究生培养机制[②]。华东师范大学探索形成了专业学位大类别群建设—中心制管理—项目制运行的管理体制,突破传统"学院制"管理模式,探索大类别人才需求和人才培养的共性特点,整体推进、整体发展,并在专业学位教育中心基础上,探索建立专业学位研究生院模式[③]。"项目制"针对传统的院系制培养模式难以适应专业学位人才培养发展需求的问题,通过基于人才培养需求的跨院系资源整合,设置高质量课程,汇聚师资团队,更加符合专业学位人才培养特征。

第四,推进在线课程资源开发与开放。全国工程硕士专业学位教育指导委员会积极倡导混合教学模式,初步实现了线上与线下、理论与案例、课堂与实训、校内教师与行企专家相结合为特色的混合式教学模式,促进优质教学资源共享,在已建成的工程硕士在线课程教学平台上,几十个院校和企业的100余门工程类课程上线教学,在线学习人数达80余万人次,其中《工程伦理》的学习人数达1万余人次[④]。

高等学校与企业等社会组织之间的互动不再是站在各自立场、原点上的外溢式互动,而是离开原地,创建新战场,比如欧洲兴起的"城市生活实验室"

---

① 武汉大学.武汉大学深化专业学位研究生教育综合改革经验做法[EB/OL].(2018-03-02)[2019-04-06]. http://www.moe.gov.cn/s78/A22/moe_847/201803/t20180302_328441.html.

② 北京师范大学.特色发展 树立品牌 构建一流拔尖创新应用型人才分类培养体系[EB/OL].(2018-02-26)[2019-04-06]. http://www.moe.gov.cn/s78/A22/moe_847/201802/t20180226_327758.html.

③ 华东师范大学.华东师范大学专业学位研究生职业化人才培养的改革与实践[EB/OL].(2018-03-02)[2019-04-06]. http://www.moe.gov.cn/s78/A22/moe_847/201803/t20180302_328439.html.

④ 华东师范大学.华东师范大学专业学位研究生职业化人才培养的改革与实践[EB/OL].(2018-03-02)[2019-04-06]. http://www.moe.gov.cn/s78/A22/moe_847/201803/t20180302_328439.html.

（Living Laboratory）就体现出以用户为中心、基于系统性的用户协同创新、以现实生活社区为基础的特征，构成一个城市真实场景中的开放创新的媒介系统，提供了一种可供万众创新的城市开放创新空间[①]。更加开放、更高水平的研究生培养体系建设成为未来改革发展的重点。

首先，要加强研究生教育的国际维度。我国研究生教育要加强与世界各国在研究生教育领域的交流与合作，成为世界研究生教育改革发展的重要参与者、推动者，努力为世界研究生教育发展贡献中国智慧[②]。以参与大型国际科技合作计划为牵引，直接在国际高质量平台上培养研究生。提升中外合作办学项目质量，培养具有国际视野、创新能力的高层次人才。探讨建立联合学位制度，积极参与欧盟"伊拉斯谟世界之窗"等研究生联合培养计划。结合"一带一路"倡议，拓展研究生教育国际合作与交流的新空间。为此，要对"一带一路"沿线国家的研究生教育进行较为系统的国别研究和比较研究，分析其研究生教育制度、研究生教育层次结构和学科结构、学科专业设置方案、博士和硕士研究生培养规模、出国留学和来国留学研究生规模、研究生教育学科结构与区域支柱产业的关联性和协调性程度等各个方面，在比较中找到我国研究生教育的优势，找到国际合作的接口。

其次，要主动适应和积极参与人工智能发展。人工智能是引领新一轮科技革命和产业变革的战略性技术，人工智能具有多学科综合、高度复杂的特征，与移动互联网、大数据、超级计算、传感网、脑科学等新理论新技术紧密结合，呈现出深度学习、跨界融合、人机协同、群智开放、自主操控等新特征。人工智能的发展及其与第一、第二、第三产业的深度融合，对研究生教育提出了新的支持和新的要求，其中一个就是要适应知识生产新模式，推动高等学校、科研院所和企业、行业的战略合作和深度融合。知识生产模式的变革预示着未来的教育生态系统将向着数据驱动、知识引导、共享服务、自主智慧、万众创新的方向发展。研究生培养要准确把握当前知识生产与流动的特殊性，科学预测高等学校在整个知

---

① 吕荟，王伟.城市生活实验室：欧洲可持续发展转型需求下的开放创新空间[J].北京规划建设，2017（6）：111-114+95.

② 叶雨婷.教育部副部长朱之文：加快推动我国从研究生教育大国迈向强国[EB/OL].（2018-11-16）[2019-04-06]. http://news.cyol.com/yuanchuang/2018-11/16/content_17789896.htm.

识体系中的比重、角色和作用的变化，积极推动科教融合和产学融合，拓展高等学校产生新知识的途径与范式，从大学独领风骚转向多元主体参与，从传统的独立产生新知识拓展到不同知识主体交互产生新知识，从自认的单向知识流动拓展到不同知识主体之间同类和异质知识的流动与转化。

联合培养是我国研究生培养的成功经验

最后，要推进联合培养模式的创新。联合培养是我国研究生培养的一个基本做法和成功经验，经历了以"学研配合培养与集体培养"为主要特征的初创阶段、以"委托培养与产学研联合培养"为主要特征的探索阶段、以"政产学研联合培养与国（境）内外联合培养"为主要特征的扩展阶段和以"联合培养体系构建与协同创新"为主要特征的深化阶段等四个时期[①]。未来要在合作理念、合作动力、合作形态和人才培养定位等方面继续推进和创新，针对培养对象由几乎全是学术型研究生转向高端应用型、复合型人才这一现实，推动其基本范式由强调学科训练、学术创新的"科学范式"转向强调职业技能训练、创新创业的"工程范式"，进而探索跨界融合、产学互融的"能力范式"。

四、建立与完善各种共享平台与公共支撑体系

研究生教育质量保障是一个系统工程，任何一种教育活动与环节都应当有多种质量保障措施来交叉地施加影响，与此同时，任何一种措施都应当产生多元影响，由此实现综合性、集成性的质量保障效果。近几年我国研究生教育质量保障体系的集成性显著加强。

第一，各种学科性、区域性资源合作与共享平台不断涌现。湖南省积极推进省域研究生教育资源共享和质量保障平台建设，搭建起竞赛与实践双管齐下的专业能力提升体系、论坛与联盟共同发展的学科建设协同体系，研究生成为科学研究的主力军，全省具备博士学位授权的高校其专利、论文成果中超过60%由研

---

① 李金龙，万明，裴旭，张淑林.我国研究生联合培养政策变革及实践发展历程、特征与趋势[J].研究生教育研究，2016（6）：8-12.

究生完成，研究生教育对科学研究、区域发展的重要性日益凸显。2018年9月天津市举办首届"天医杯"九省市口腔医学专业学位硕士研究生临床技能邀请赛[1]，通过设置院前急救、无菌技术、种植设计及实际种植操作等项目，彰显了科研创新与临床能力并重的教育理念，有效培养和提高了专业学位研究生临床实践能力和职业素养。北京大学等9所"双一流"建设高校联合组建了医学"双一流"建设联盟，推进医学"双一流"加快建设、特色建设、高质量建设，引领新时代医学高等教育与医学学科建设改革创新发展[2]。

第二，形成了一批竞赛性平台与项目品牌。教育部学位与研究生教育发展中心联合中国科协青少年科技中心共同举办"中国研究生创新实践系列大赛"，为广大研究生参与科技创新和社会实践提供了更多的机会、搭建了更好的平台，业已打造成为研究生中有吸引力、业界有影响力、社会有贡献力的品牌赛事。自2013年以来，系列大赛得到全国500多家研究生培养单位以及近30万名在校研究生的积极响应和广泛参与[3]。全国会计专业学位研究生教育指导委员会组织搭建了三大交流平台，即MPAcc学生案例大赛、MPAcc教育发展论坛、MPAcc会计名家公益大讲堂，提供了学生了解企业现实、开展案例辩论的平台，提升了学员发现、分析、解决企业实际问题的能力，促进了不同院校师生间沟通交流，增强了会计专业学位的社会认同度[4]。

第三，规范建设初见成效。国务院学位委员会组织学科评议组和专业学位研究生教育指导委员会编写的《一级学科博士、硕士学位基本要求》《专业学位类别（领域）博士、硕士学位基本要求》，提出了研究生培养质量标准。《教育部2018年工作要点》提出要研制111个一级学科和40个专业学位类别的学科发展

---

[1] 天津市学位办.天津市举办首届"天医杯"九省市口腔医学专业学位硕士研究生临床技能邀请赛[EB/OL].（2018-10-11）[2019-04-06]. http://www.cdgdc.edu.cn/xwyyjsjyxx/zxkb/jrjz/dfxx/284357.shtml.

[2] 医学"双一流"建设联盟秘书处.推进医学"双一流"加快建设、特色建设、高质量建设 引领新时代医学高等教育与医学学科建设改革创新发展——医学"双一流"建设联盟在京成立[EB/OL].（2018-11-15）[2019-04-06]. http://www.moe.gov.cn/s78/A22/A22_ztzl/ztzl_tjsylpt/sylpt_jsdt/201811/t20181115_354892.html.

[3] 柯进.中国研究生创新实践系列大赛启动会在京举行[N].中国教育报，2018-04-04（3）.

[4] 会计专业学位研究生教育指导委员会.深化会计专业学位研究生教育综合改革经验做法[EB/OL].（2018-03-19）[2019-04-06]. http://www.moe.gov.cn/s78/A22/moe_847/201803/t20180319_330493.html.

报告、研究生核心课程指南①。各类别专业学位的学位论文基本要求及评价指标体系研制取得了系列成果，学位与研究生教育杂志社组编出版了《专业学位论文写作指南》②，一定程度上解决了培养单位、导师、研究生不敢或不愿尝试新格式学位论文的后顾之忧，有力助推学位论文格式的多样化和专业学位研究生毕业论文质量的提升。这些都构成研究生教育质量的公共支撑体系。

第四，质量约束与规范力量的加强。2018年3月19日，国务院学位委员会、教育部印发《关于开展2018年学位授权点专项评估工作的通知》③，布置开展2018年学位授权点专项评估工作，评估范围为2014年获得授权且未调整的学位授权点和2014年学位授权点专项评估结果为"限期整改"的学位授权点，主要检查参评点研究生培养体系的完备性，包括师资队伍（队伍结构、导师水平）、人才培养（招生选拔、培养方案、课程教学、学术训练或实践教学、学位授予）和质量保证（制度建设、过程管理、学风教育）等。全国首次专业学位水平评估试点工作于2018年发布评估结果，法律、教育、临床医学（不含中医）、口腔医学、工商管理、公共管理、会计、艺术（音乐）等8个专业学位类别中符合条件的293个单位的650个专业学位授权点全部参评，首次比较集中地检视了专业学位研究生教育水平④。一些省级教育主管部门坚持"管、办、评"分离，推进"放、管、服"深化，将主体责任落实到培养单位及研究生导师，加大授学位后硕士学位论文抽检力度，把学位论文抽检结果纳入高校二维分类评价指标体系中，作为人才培养评价的重要依据。

研究生教育质量保障体系已经基本健全

通过这些年的一系列持续改革，研究生教育质量保障体系已经基本健全，保

---

① 中华人民共和国教育部.关于印发《教育部2018年工作要点》的通知［EB/OL］.（2018-02-06）［2019-04-06］. http://www.moe.gov.cn/srcsite/A02/s7049/201802/t20180206_326950.html.

② 周文辉，赵军.专业学位论文写作指南［M］.北京：中国科学技术出版社，2019.

③ 国务院学位委员会，教育部.关于开展2018年学位授权点专项评估工作的通知［EB/OL］.（2018-03-29）［2019-04-06］. http://www.moe.gov.cn/s78/A22/xwb_left/moe_839/201803/t20180329_331690.html.

④ 教育部学位与研究生教育发展中心.全国首次专业学位水平评估结果发布［EB/OL］.（2018-07-26）［2019-04-06］. http://www.cdgdc.edu.cn/xwyyjsjyx/2018cpsr/.

障措施已经非常细化，未来的改革重点应当是研究生教育理念创新，包括质量理念的创新，是研究生教育质量保障的一个新的动力机制。

第一，要瞄准理念创新。质量问题不全是由规模造成的，更多的是理念、模式、机制方面的原因。与制度和政策建设相比，我国研究生教育理念的创新相对滞后，与社会快速发展和多样需求难以适应，与世界研究生教育发展趋势和质量变革趋势相比未能领先，与研究生培养过程和质量举措、质量新要求相比仍然迟缓。制度政策建设与创新是研究生教育质量保障的基础，其基础性作用发挥如何、持续性作用发挥如何还取决于理念是否先进。研究生教育理念创新涉及方方面面，主要指向学位与研究生教育制度理念、学位与研究生教育治理理念、研究生教育与社会经济发展互动理念、研究生教育育人规律理念、研究生培养过程理念、研究生课程理念、研究生质量理念等方面。

第二，要形成信任与合力。当前研究生教育质量的确存在诸多问题，需要深入分析这些问题的类型、造成问题的原因和根源，更要提出解决问题的思路、明确提高质量的行动路径，而这依赖于深度汇谈，依赖于基于深度汇谈达成的基本共识。从当前的实际来看，研究生教育相关利益主体相互之间缺乏必要的深度汇谈，政府与培养单位、培养单位与企业等用人单位、培养单位管理部门与授权学科点、授权学科点与导师、导师与研究生之间缺乏围绕质量问题的深度交流，因此，难以就质量保障达成基本共识，相互之间不同程度地存在着信任危机。要构建起有效的质量保障体系，相关利益主体要坚持两点：一是相互信任，没有必要的相互信任就不可能形成质量保障的合力；二是值得信任，利益主体各自尽到质量责任是形成质量保障合力的前提。相互信任，值得信任，是一个必要的基础，比如对于大幅度论文抽检，是将其视为对研究生培养单位、授权学科点、导师和研究生的不信任，还是视为质量保障改进的必要环节，心理感受和应对举措则各不相同，就会分化为积极参与抑或消极应付，最终效果自然相差甚远。

五、增强建设研究生教育强国的自信

改革开放以来，中国教育的 40 年，是不断改革的 40 年、不断创新的 40 年，

变革贯穿始终[①]。2018年是中国改革开放40年，也是恢复研究生教育40年。中国学位与研究生教育发展及其制度建设就是一部改革史，2013年启动的研究生教育综合改革，确立和紧扣"服务需求、提高质量"这条主线，2017年出台的学位与研究生教育五年规划再次强调了这一主线，标志着我国研究生教育进入内涵发展的新时期。

随着经济社会发展变化的加快，整个社会主要矛盾的变化，研究生教育发展仍旧存在一些制度性障碍。其一，当前的研究生教育供给结构、供给制度不适应我国社会需求结构转换升级的需要，研究生教育制度供给滞后于需求，存在"体制遗留"和"误用工具"问题[②]。其二，培养单位改革主体的地位和作用没有得到充分发挥。从目前的改革来看，顶层设计已经基本完成，但从培养单位内部来看，相应的机制改革还明显滞后，以致一个好的顶层设计和出台的一系列制度政策未能得到最基层组织和一线人员的支持，难以取得好的效果和建立真正的长效机制。究其原因，培养单位作为改革主体其地位没有得到充分的保障，办学自主权的落实仍未真正到位；其作用没有得到充分的发挥，"等、靠、要"的心态仍旧普遍存在。其三，改革简单异化为试点的现象仍旧很普遍，参与改革试点就是赢得发展红利的看法左右着改革态度和行动，改革就是放松规制和扩大规模的习惯做法仍有较大市场。

如何应对新一轮科技浪潮的到来及其冲击，如何主动适应社会未来发展需求，如何遵循教育发展规律，如何更好履行研究生教育的神圣使命，培养高层次前瞻性、创新性、复合型和应用型人才，这些都是研究生教育发展需要思考的问题，也是研究生教育改革需要解决的问题。

第一，要坚持问题导向。要有问题意识，要保持对研究生教育改革发展的批判精神、忧患意识和超前意识，既要系统思考研究生教育改革发展过程中出现的各种现实问题，又要深入思考这些现实问题的内在根源。要敢正视问题，从思想上、行动上、制度上正视和面对当前研究生教育发展改革的困境和问题，既不文过饰非，也不敷衍了事。要善于分析问题，既要通过广泛调查从现实状况中发现

---

① 陈宝生.中国教育，波澜壮阔四十年［N］.人民日报，2018-12-17（11）.

② 朱玉成，周海涛.研究生教育供给侧结构性改革透视：内涵、问题与对策［J］.学位与研究生教育，2018（3）：54-57.

问题，又要通过理论分析从趋势变化中分析问题，透过现象看本质，尤其是要弄清楚诸多问题之间的联系，找到解决问题的关键点和切入点。要能解决问题，改革不是等问题复杂化、扩大化之后再进行大改革，要通过改革建立把矛盾化解在萌芽状态的机制，增强解决问题的视野思路和行动能力。研究生教育改革要聚焦制约研究生教育发展与质量的制度性问题、研究生培养的过程性问题和动力性问题，既要重点突破关键问题，针对问题采取有效举措，又要系统考虑这些问题之间的关联性，思考诸多问题之间是因果关系还是或然关系，是偶然相伴发生的还是必然相伴发生的。教育系统是一个复杂的系统，其改革发展需要综合考虑、系统推进。

第二，要聚焦社会需求。研究生业已成为"双创"的主力军。创业板上市公司376个企业创始人的教育背景统计显示，其中大学（专科）学历的占到56.12%，硕士和博士学历的占到37.97%；跨行业分析显示企业创始人教育背景层次对企业研发创新投入强度、企业创新绩效（即滞后一期的专利授权数量）具有显著的正向影响。当前有三个方面要予以特别关注：①劳动力市场的多元需求，毕业生就业不再局限于学术领域，而是要拓展到不同的领域，研究生需要更加有效地适应职业背景、工作环境的不断变化，适应思维方式、解决方法的不断变化，适应行为方式、生活方式的不断变化，这就要求研究生培养视野必须拓宽，从狭隘的专业化、理论化和技术化拓展到学习力、协作性和胜任力。②"互联网+"对知识的重新编码、获取方式带来的冲击和便利，导致出生和成长在互联网时代的新一代研究生对于知识的存储、生产、流动、辐射有其独特的新态度和新要求，研究生教育尤其科学研究活动过程要针对这一特性进行必要的变革，既要持续推进知识本身的创新，又要将知识对于研究生职业发展的影响尽可能可视化；既要关注知识本身的价值意义，满足新生代的知识需求和期望，又要引导研究生通过创造知识解决复杂的社会问题，彰显知识及其创新对于研究生个体的独特价值和现实意义。③"中国制造2025"的迫切要求。"中国制造2025"提出了新一代信息技术产业、节能与新能源汽车、生物医药、新材料等未来重点发展的十大领域，这些领域大都体现了学科的交叉性和复合性，要以技术前沿问题研究牵引学科发展方向，打破知识分割碎片化的学科壁垒，进行知识重组和系统设计，形成学科间的协同、交叉融合新机制，健全多层次人才培养体系。

第三，要创新改革模式。改革要实现层次跃升，从"技术层次""制度层次"跃升到"理念层次"，实现理念创新突破，以此推动技术和制度层次的真正变革。改革要坚持"三个重视"和"三个做到"，即重视顶层设计，做到统筹协调；重视难点问题，做到迎难而上；重视推动落实，做到以点带面。改革要致力于能力建设，通过改革增强中央政府宏观调整的能力，能够及时提供制度政策；增强省级政府统筹发展的能力，能够有效提供区域需求信息和优质公共服务；增强培养单位自主自律发展能力，能够合理调整学科结构和培养体制；增强授权学科人才培养的能力，能够不断优化培养方向和人才培养模式；增强社会市场支撑发展的能力，能够互动合作共赢。改革要站位高、站位准，更多地从未来发展、机制创新、持续长效等高度来设计、参与和实施改革；要对现行的改革模式进行反思，要从各种资源配置性改革试点中跳出来，转变改革就是放松规制和扩大规模的习惯做法；要分层分类推进，有些改革主要是面向具有研究生院的高校，有些改革则是面向全部研究生培养单位的，有些改革则是面向基础比较薄弱的培养单位的；全局性的改革，试点就要有代表性，就要尽快推开，因为改革机遇稍纵即逝。

第四，要评价改革效果。如果从 2013 年教育部、国家发展改革委、财政部出台《关于深化研究生教育改革的意见》算起，这一轮集中改革已经历时 5 年多，有必要对改革成果进行全面系统的总结。国务院学位委员会办公室的网页 2018 年对专业学位综合改革成果进行了系列报道和集中展示，参与综合改革的部分省、培养单位和专业学位研究生教育指导委员会总结出了一些成功的做法和典型[①]。当前，需要客观地审视现已完成和即将进行的系列改革的历史意义，清醒地看待改革的实际效果，科学地预测改革的未来影响。科学评价改革效果既是对过去改革的回顾和反思，也是对未来改革的展望和部署。中国研究生教育改革成果要从三个层面进行总结，经验集成层面要对业已取得的各项改革成果和经验教训进行全面的、系统的梳理，摸清现状，剖析问题；学理支撑层面要综纳特征，探究趋势，从理论上讲清楚为什么要做，以及为什么要这么做；理论概括层面要抽象上升到理论，用于指导实践，向世界研究生教育界贡献中国智慧。与此

---

① 国务院学位委员会办公室. 专业学位研究生教育综合改革经验交流[EB/OL].(2018-04-19)[2019-04-06]. http://www.moe.edu.cn/s78/A22/A22_ztzl/zyxw/jyjl/.

同时，发展变化和改革成果要从散见于各个通知、办法之中上升固化为法律，当前对《中华人民共和国学位条例》进行与时俱进的调整非常迫切[①]。要通过总结评价改革成果，把中国特色社会主义道路自信、理论自信、制度自信、文化自信内化为办好中国特色世界一流大学的自信，发展研究生教育强国的自信。

---

① 清华大学《中华人民共和国学位条例》修订专题调研座谈会在清华大学举行［EB/OL］．（2018-12-05）［2019-04-06］．http://news.tsinghua.edu.cn/publish/thunews/9660/2018/20181205145136274983348/20181205145136274983348_.html；东南大学．《中华人民共和国学位条例》修订研讨会在东南大学召开［EB/OL］．（2018-09-25）［2019-04-06］．http://www.seu.edu.cn/2018/0925/c17406a241280/page.htm.

第二章　研究生教育质量数析

2018年，我国研究生教育发展向好，研究生招生数量增加，研究生培养质量稳步提升，呈现出良好的发展态势。

一、研究生教育发展基本概况[①]

研究生培养单位数量保持稳定。2018年全国研究生有培养单位815所，培养单位总体数量与2017年相比没有变化。培养单位中有普通高校580所，较2017年增加2所；科研机构235所，较2017年减少2所。2018年国务院学位委员会批准北京大学、清华大学等20所高校为自主审核单位。2018年全国本科院校数量为1245所（含民办本科院校419所），其中可招收培养研究生的高校为580所，占比46.59%。

2018年，可招收培养研究生的高校为580所

在校研究生人数超过273万人

在校研究生人数超过273万人。根据教育部最新的统计口径[②]，2018年全国在校研究生共计2731257人，比2017年增加约10万人。2018年在校研究生中有博士研究生389518人，占比14.26%，硕士研究生2341739人，占比85.74%。按学位类型分，学术学位研究生共计1319799人（含博士研究生375344人、硕士研究生944455人），占比为48.32%；专业学位研究生1411458人（含博士研

[①] 2018年教育数据统计来自教育部发展规划司编印的《中国教育事业发展统计简况》。

[②] 2017年开始，研究生招生、在校生指标内涵发生变化，招生包括全日制和非全日制；在校生、授予学位数包括全日制、非全日制和在职人员攻读硕士学位研究生。

究生 14174 人、硕士研究生 1397284 人），占比 51.68%。专业学位研究生在研究生总体中占比再次超过 50%，且比例稍有增加。在校研究生中，学术学位博士研究生占 13.74%，专业学位博士研究生占 0.52%，在校专业学位博士研究生的规模首次超过 1 万名，比上年的 9560 人增长了 48.26%；学术学位硕士研究生占 34.58%，专业学位硕士研究生占 51.16%。2018 年在校研究生构成如图 2-1 所示。

在校专业学位博士研究生的规模首次超过1万名

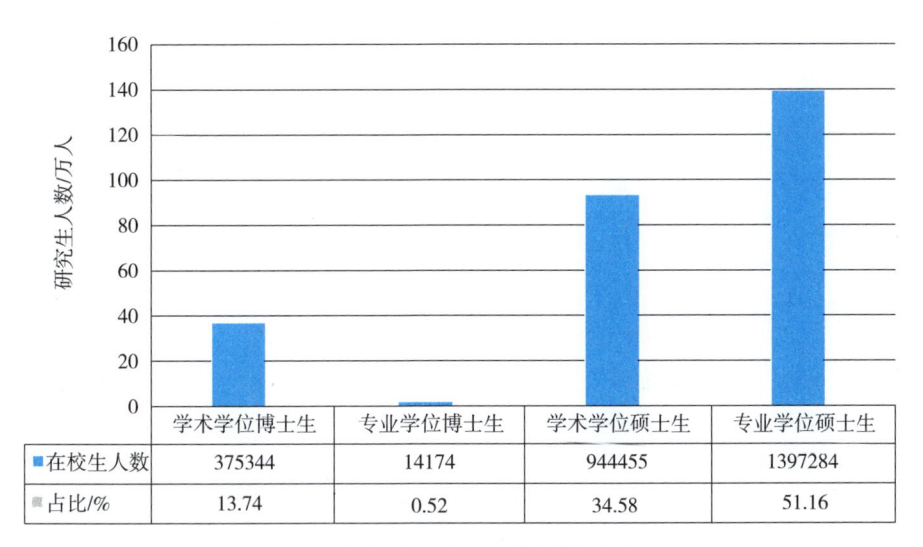

	学术学位博士生	专业学位博士生	学术学位硕士生	专业学位硕士生
在校生人数	375344	14174	944455	1397284
占比/%	13.74	0.52	34.58	51.16

各类在校研究生人数及其构成

图2-1　2018年我国在校研究生构成

研究生招生人数超过85万人

　　研究生招生人数超过 85 万人。2018 年共招收研究生 857966 人。按招收层次分析，共招收博士研究生 95502 人（含学术学位博士研究生 88718 人、专业学位博士研究生 6784 人），硕士研究生 762464 人（含学术学位硕士研究生 322660 人、专业学位硕士研究生 439804 人）。在招收的硕士研究生中，专业学位硕士研究生占比为 57.68%，所占比例较 2017 年继续提高。从各学科招生人数来看，

2018年招收研究生人数最多的是工学，招收研究生299055人，占比34.86%。招生规模排名第二位和第三位的分别是管理学和医学，占比分别为14.80%和11.09%。招收研究生人数较少的是军事学、哲学和历史学，占比均低于1%。2018年分学科招收研究生人数和比例详见表2-1。

表2-1 2018年分学科招收研究生人数及比例

学科门类	招收研究生/人	所占比例/%	博士生/人	硕士生/人
哲 学	4292	0.50	925	3367
经济学	35493	4.14	3134	32359
法 学	53159	6.20	4709	48450
教育学	60281	7.03	1934	58347
文 学	37226	4.34	2867	34359
历史学	6332	0.74	1143	5189
理 学	73748	8.60	18894	54854
工 学	299055	34.86	37640	261415
农 学	39003	4.55	4305	34698
医 学	95172	11.09	14044	81128
军事学	89	0.01	9	80
管理学	126968	14.80	4910	122058
艺术学	27148	3.16	988	26160
合 计	857966	100	95502	762464

毕业研究生人数首次超过60万人，其中博士毕业生60724人

毕业研究生人数首次超过60万人。2018年共毕业研究生604368人，比2017增加4.55%，增幅变大。毕业研究生中，博士毕业生60724人，硕士毕业生543644人。2018年毕业研究生人数最多的是工学毕业生，有近21万人，占比为34.63%，这也是工学毕业研究生首次超过20万人。除工学外，毕业研究生超过5万人的学科门类还有管理学（79640人，占比13.18%）、医学（70708人，

11.70%）、理学（54621人，占比9.04%）。毕业研究生人数倒排第一、二名的学科门类有军事学（159人，占比0.03%）、哲学（3883人，占比0.64%）。毕业博士研究生人数超过万人的学科门类有工学、理学，低于千人的有军事学、艺术学、哲学、历史学四个学科门类。毕业硕士研究生超过5万人的学科有工学、管理学和医学三个学科门类。2018年分学科毕业研究生人数和比例详见表2-2。

表2-2 2018年分学科毕业研究生人数及比例

学科门类	毕业研究生/人	所占比例/%	博士生/人	硕士生/人
哲 学	3883	0.64	677	3206
经济学	29788	4.93	2142	27646
法 学	40740	6.74	2933	37807
教育学	35569	5.89	1063	34506
文 学	31833	5.27	1976	29857
历史学	5471	0.91	772	4699
理 学	54621	9.04	12831	41790
工 学	209267	34.63	22033	187234
农 学	22995	3.80	2762	20233
医 学	70708	11.70	9699	61009
军事学	159	0.03	23	136
管理学	79640	13.18	3227	76413
艺术学	19694	3.26	586	19108
合 计	604368	100	60724	543644

研究生指导教师数量超过43万名

研究生指导教师数量超过43万名。2018年全国共有研究生指导教师430233人，比2017年增长6.72%。从专业技术职称来看，研究生指导教师中有正高级职称203574人，副高级职称192206人，中级职称34453人。从指导关系来看，共有博士生指导教师19238人，硕士生指导教师324357人，博士、硕士生指导教师86638人。2018年全国研究生指导教师分类结构如图2-2所示。

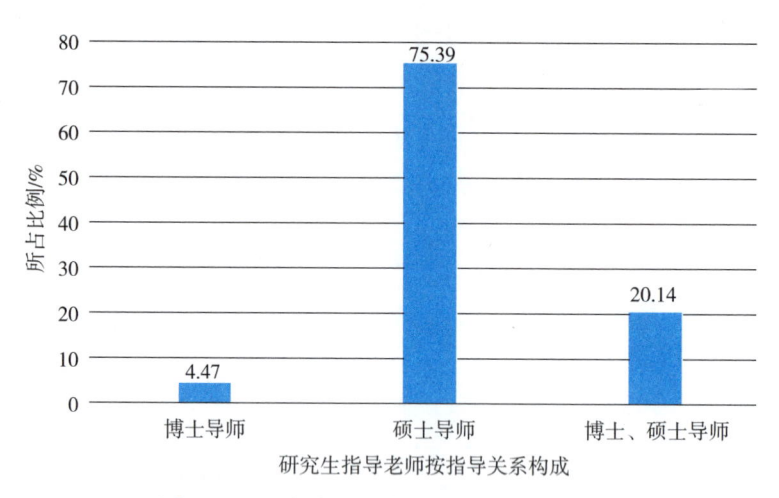

图2-2　2018年全国研究生指导教师分类结构

国家财政性教育经费占国内生产总值的比例保持在4%以上，高校生均一般公共预算教育事业费稳定增长。2017年，全国教育经费总投入为42562.01亿元，比2016年增长9.45%。国家财政性教育经费为34207.75亿元，比上年增长8.95%。2017年全国国内生产总值为827122亿元，国家财政性教育经费占国内生产总值的比例为4.14%，比上年的4.22%稍有下降，但稳定在4%以上。2017年全国普通高等学校生均一般公共预算教育事业费支出为20298.63元，比2016年增长8.27%，7个省份的支出绝对值高于全国水平，分别是北京市（63805.40元）、西藏自治区（34070.32元）、上海市（33711.72元）、青海省（25439.03元）、宁夏回族自治区（25080.97元）、广东省（24149.23元）、天津市（23422.18元），支出绝对值最低的是辽宁省（13252.89元），相对增长最快的是天津市（19.61%）。2017年全国普通高校生均一般公共预算公用经费为8506.02元，比2016年增长5.44%，12个省份的公用经费绝对值高于全国水平，其中排名前三位的是北京市（32126.86元）、上海市（18146.62元）、天津市（13382.15元），公用经费绝对值低于5000元的有山东省（3536.26元）、湖南省（4194.51元）。[①]

研究与试验发展（R&D）经费保持快速增长。2017年，全国共投入研究与

[①] 教育部，国家统计局，财政部.关于2017年全国教育经费执行情况统计公告[EB/OL].（2018-10-08）.[2019-03-20]. http://www.moe.gov.cn/srcsite/A05/s3040/201810/t20181012_351301.html.

试验发展经费 17606.1 亿元，比 2016 年增长 12.3%，增速较 2016 年提高 1.7 个百分点；研究与试验发展经费投入强度（与国内生产总值之比）为 2.13%，比上年提高 0.02 个百分点，投入强度连续 5 年超过 2%。按研究与试验发展人员（全时工作量）计算的人均经费为 43.6 万元，比 2016 年增加 3.2 万元。分活动类型看，2017 年全国基础研究、应用研究和试验发展经费所占比重分别为 5.5%、10.5% 和 84%。分活动主体看，企业、政府所属研究机构、高等学校经费支出所占比重分别为 77.6%、13.8% 和 7.2%。高等学校经费支出 1266 亿元，增长 18.1%。[①]

研究生资助政策不断完善，助力研究生培养质量提升

研究生资助政策不断完善，助力研究生培养质量提升。2018 年，研究生资助政策方面的改革举措主要体现在对家庭经济困难学生的认定、勤工助学管理改革、资助体系健全等方面。根据教育部公布的《2018 年中国学生资助发展报告》，为实现精准资助，教育部、财政部、民政部、人力资源社会保障部、国务院扶贫办、中国残联六部门于 2018 年 10 月联合印发《关于做好家庭经济困难学生认定工作的指导意见》，对学前至研究生教育阶段家庭经济困难学生认定的工作对象、基本原则、工作程序等进行了明确规定。为发挥勤工助学育人功能，教育部、财政部于 2018 年 9 月印发《高等学校勤工助学管理办法（2018 年修订）》，将勤工助学酬金标准从每小时不低于 8 元提高至不低于 12 元。目前，国家建立的研究生资助政策体系包括研究生国家奖学金、国家助学金、学业奖学金、"三助"岗位津贴、国家助学贷款、基层就业学费补偿贷款代偿、应征入伍国家资助、校内奖助学金及新生入学"绿色通道"等。2018 年，在研究生具体资助类别和规模方面，国家奖学金奖励硕士研究生 3.5 万人，奖励金额 7 亿元；奖励博士研究生 1 万人，奖励金额 3 亿元，此部分奖励规模与 2017 年相同。学业奖学金奖励研究生 154.56 万人，奖励金额 113.59 亿元，覆盖面和资助额度较上年均有小幅增长；助学金资助研究生 194.64 万人，资助金额 129.18 亿元，资助覆盖面有所降低，但资助额度增长了约 10%；研究生"三助"岗位津贴资

---

① 国家统计局，科学技术部，财政部. 2017 年全国科技经费投入统计公报［EB/OL］.（2018-10-09）［2019-03-20］. http://www.stats.gov.cn/tjsj/zxfb/201810/t20181009_1626716.html.

助 138.07 万人次，资助金额 64.22 亿元，资助覆盖面减小，但资助额度增长了约 24%。[①] 2018 年的具体奖助类别和规模方面见表 2-3。

表2-3　2018年研究生奖助情况

奖助类别	奖助规模与额度	
	奖励（资助）人数/万人	奖励（资助）额度/亿元
国家奖学金	4.5	10
学业奖学金	154.56	113.59
国家助学金	194.64	129.18
"三助"岗位津贴	138.07	64.22

二、2018年研究生教育质量分析[②]

2018 年，全国教育大会的召开为加快推进教育现代化、建设教育强国、培养德智体美劳全面发展的社会主义建设者和接班人指明了方向，对研究生教育有了全新的发展要求。教育部、财政部、国家发展改革委联合印发的《关于高等学校加快"双一流"建设的指导意见》对深化研究生教育综合改革提出了政策要求。整体而言，研究生教育已经步入内涵式发展阶段，高质量发展是研究生教育发展的核心要求。

（一）研究生招生规模继续扩张

近年来，我国研究生招生规模持续增长。研究生招生规模从 2010 年的 53.8 万人增长到 2018 年的 85.8 万人，增长幅度为 59.42%，年均增长幅度为 7.43%。与 2017 年相比，2018 年的研究生招生规模增加了 5.2 万人，增长幅度为 6.43%。其中，博士生招生规模增长 13.86%，硕士生招生规模增长 5.57%，博士生招生增长比例大大高于硕士生招生增长比例。博士生招生规模同比增

---

① 数据来自教育部 2017 年度与 2018 年度《中国学生资助发展报告》。
② 数据来自教育部发展规划司编印的《中国教育事业发展统计简况 2018》。

幅超过 10%，这也是近年来的首次。2010—2018 年研究生招生规模增长情况如表 2-4 所示。

博士生招生规模同比增幅首次超过10%

表2-4　2010—2018年研究生招生规模增长情况

年　份	研究生招生/人	较上年增幅/%	博士生招生/人	硕士生招生/人
2010	538177	5.33	63762	474415
2011	560168	4.09	65559	494609
2012	589673	5.27	68370	521303
2013	611381	3.68	70462	540919
2014	621323	1.63	72634	548689
2015	645055	3.82	74416	570639
2016	667064	3.41	77252	589812
2017	806103	20.84	83878	722225
2018	857966	6.43	95502	762464

（二）研究生就业质量良好[①]

自 2013 年教育部实施高校毕业生就业质量报告发布制度以来，高校面向社会公开毕业生就业率等就业质量信息已经步入制度化轨道。截至 2019 年 3 月 15 日，已有 120 所"双一流"建设高校的 2018 年研究生就业率等就业质量信息可以通过互联网查询，占"双一流"建设高校数量的 86%。与 2017 年的就业信息相比，各高校就业率数据变化幅度一般不超过 1%，基本保持稳定。

120所"双一流"建设高校的2018年研究生就业率等就业质量信息可查

---

① 数据来自各高校公布的《2018 届毕业生就业质量年度报告》。

36所"世界一流大学建设A类高校"的研究生就业情况。可以通过互联网检索到36所A类高校中35所高校的研究生就业信息。其中，公布研究生总体就业率的高校有14所，公布硕士生就业率的高校有31所，公布博士生就业率的高校31所。根据公开的就业信息，14所公布研究生总体就业率信息的高校中，研究生就业率均高于91%，研究生就业率最高的是华南理工大学（99.71%）；31所公布硕士研究生就业率信息的高校中，硕士研究生就业率均高于92%，硕士研究生就业率最高的是西安交通大学（99.76%）；31所公布博士研究生就业率信息的高校中，博士研究生就业率均高于91%，博士研究生就业率最高的是中国人民大学（99.87%）。2018年"世界一流大学建设高校"毕业研究生就业情况见表2-5。

6所"世界一流大学建设B类高校"的研究生就业情况。可以通过互联网检索到6所B类高校中5所高校的研究生就业信息，硕士研究生、博士研究生、研究生总体三种就业率数据均高于89%、低于99%。

98所"世界一流学科建设高校"的研究生就业情况。可以通过互联网检索到80所"世界一流学科建设高校"的研究生就业信息。硕士研究生就业率最高的是北京邮电大学（99.85%），博士生就业率最高的是北京中医药大学、外交学院、中央音乐学院、中国音乐学院、中央美术学院、上海外国语大学、上海音乐学院、南京航空航天大学、中国美术学院、合肥工业大学、福州大学、河南大学、西南财经大学13所高校，均为100%。研究生总体就业率最高的是北京邮电大学（99.83%）。2018年"世界一流学科建设高校"毕业研究生就业情况见表2-6。

表2-5 2018年"世界一流大学建设高校"毕业研究生就业情况

序号	院校名称	硕士毕业人数/人	硕士就业率/%	博士毕业人数/人	博士就业率/%	研究生毕业总数/人	研究生就业率/%
A 类							
1	北京大学	3614	99.25	1241	99.19	4855	99.24
2	中国人民大学	3601	99.42	783	99.87	4384	99.50
3	清华大学	2518	99.3	1486	98.9	4004	99.2

续表

序号	院校名称	硕士毕业人数/人	硕士就业率/%	博士毕业人数/人	博士就业率/%	研究生毕业总数/人	研究生就业率/%
4	北京航空航天大学	2903	98.93	466	98.50	3369	—
5	北京理工大学	3017	98.74	597	98.83	3614	98.75
6	中国农业大学	1769	96.33	627	97.45	2396	—
7	北京师范大学	3384	96.72	657	92.24	—	—
8	中央民族大学	1261	—	202	—	1463	97.95
9	南开大学	3018	95.53	636	91.19	—	—
10	天津大学	3502	98.91	709	97.03	—	—
11	大连理工大学	3129	—	305	—	3434	96.45
12	吉林大学	5509	92.05	914	89.28	6423	91.65
13	哈尔滨工业大学	3005	98.20	586	99.49	3591	98.41
14	复旦大学	3604	98.17	1426	98.04	—	—
15	同济大学	3447	99.54	639	98.59	—	—
16	上海交通大学	3955	99.06	1209	98.51	—	—
17	华东师范大学	3633	98.16	499	95.39	—	—
18	南京大学	3892	98.51	1031	99.13	—	—
19	东南大学	3456	98.94	515	97.23	—	—
20	浙江大学	4536	99.16	1662	98.19	—	—
21	中国科学技术大学	3094	98.5	902	97.3	3996	—
22	厦门大学	2709	97.4	394	96.4	—	—
23	山东大学	4216	96.49	626	96.81	—	—
24	中国海洋大学	2286	96.11	305	97.05	—	—
25	武汉大学	5121	97.64	1059	96.03	—	—
26	华中科技大学	5241	96.99	1063	96.71	6304	96.94
27	中南大学	4454	98.68	909	99.45	5363	98.81
28	中山大学	3870	94.86	850	95.65	—	—
29	华南理工大学	3412	—	324	—	3736	99.71

续表

序号	院校名称	硕士毕业人数/人	硕士就业率/%	博士毕业人数/人	博士就业率/%	研究生毕业总数/人	研究生就业率/%
30	四川大学	5120	96.52	1043	97.22	6163	96.64
31	电子科技大学	3388	—	336	—	3724	97.64
32	重庆大学	3710	97.84	457	95.40	4167	97.58
33	西安交通大学	2964	99.76	783	98.85	—	—
34	西北工业大学	2553	99.26	463	99.35	—	—
35	兰州大学	2724	95.15	323	97.83	—	—
36	国防科技大学	—					
			B 类				
1	东北大学	3423	—	429	—	3852	95.9
2	湖南大学	3443	97.73	191	91.62	—	—
3	西北农林科技大学	1934	—	252	—	2186	96.43
4	云南大学	2476	95.64	111	89.19	—	—
5	新疆大学	—					
6	郑州大学	3920	93.45	139	98.18	—	—

注：①表中数据来源于42所"世界一流大学建设高校"公布的《2018年毕业生就业质量报告》；②表中所选就业率数据为该报告中最新的就业率数据，"—"表示未在互联网公开信息中检索到该校相关数据，或该校报告中未公开该项信息

表2-6 2018年"世界一流学科建设高校"毕业研究生就业率一览

序号	院校名称	硕士毕业人数/人	硕士就业率/%	博士毕业人数/人	博士就业率/%	研究生毕业总数/人	研究生就业率/%
1	北京交通大学	2774	99.64	254	98.82	3028	99.57
2	北京工业大学	1898	99.47	224	97.76	2122	99.29
3	北京科技大学	2360	—	383	—	2743	99.38
4	北京化工大学	1683	—	170	—	1853	97.68
5	北京邮电大学	2709	99.85	216	99.54	2925	99.83

续表

序号	院校名称	硕士毕业人数/人	硕士就业率/%	博士毕业人数/人	博士就业率/%	研究生毕业总数/人	研究生就业率/%
6	北京林业大学	643（学） 573（专）	98.29（学） 97.56（专）	206	97.09	1422	97.82
7	北京协和医学院	—	—	—	—	—	—
8	北京中医药大学	1077	99.54	177	100	1254	99.60
9	首都师范大学	—	—	—	—	—	—
10	北京外国语大学	795	97.23	81	97.53	876	—
11	中国传媒大学	1356	98.16	131	96.59	—	—
12	中央财经大学	1560	99.23	103	96.12	—	—
13	对外经济贸易大学	1614	99.50	87	97.70	—	—
14	外交学院	271	98.52	18	100	—	98.62
15	中国人民公安大学	—	—	—	—	—	—
16	北京体育大学	626	90.26	77	96.10	703	—
17	中央音乐学院	163	98.16	16	100	179	—
18	中国音乐学院	136	83.82	16	100	—	—
19	中央美术学院	286	99.30	41	100	327	—
20	中央戏剧学院	—	—	—	—	—	—
21	中国政法大学	1826	97.54	145	97.24	1971	—
22	天津工业大学	—	—	—	—	—	—
23	天津医科大学	923	79.96	125	80.8	1048	—
24	天津中医药大学	—	—	—	—	—	—
25	华北电力大学	2195	—	176	—	2371	97.34
26	河北工业大学	—	—	—	—	—	—
27	太原理工大学	1532	90.41	42	85.71	1574	—
28	内蒙古大学	1483	68.7	44	63.6	—	—
29	辽宁大学	1813	96.86	106	98.11	—	—
30	大连海事大学	768	—	92	—	860	96.74

35

续表

序号	院校名称	硕士毕业人数/人	硕士就业率/%	博士毕业人数/人	博士就业率/%	研究生毕业总数/人	研究生就业率/%
31	延边大学	—	—	—	—	—	—
32	东北师范大学	3284	97.95	314	97.13	—	—
33	哈尔滨工程大学	1966	96.39	233	93.56	2199	96.09
34	东北农业大学	1046	95.60	115	96.52	—	—
35	东北林业大学	1200	91.08	109	87.16	1309	90.76
36	华东理工大学	2098	—	245	—	2343	98.34
37	东华大学	1766	99.26	202	95.54	1968	
38	上海海洋大学	—	—	—	—	727	98.35
39	上海中医药大学	660	96.97	127	99.21	787	
40	上海外国语大学	—	97.28	—	100	1014	97.53
41	上海财经大学	1951	99.74	271	99.26	—	—
42	上海体育学院	325	97.2	36	97.2	—	—
43	上海音乐学院	152	98.03	20	100	—	—
44	上海大学	3415	99.77	180	98.89	3595	
45	苏州大学	2966	95.31	318	90.28	—	94.82
46	南京航空航天大学	2162	99.58	321	100	—	—
47	南京理工大学	2217	98.73	871	—	—	98.96
48	中国矿业大学（徐州）	1941	97.84	308	99.03	—	—
49	中国矿业大学（北京）	805	99.13	206	98.06	—	—
50	南京邮电大学	—	—	—	—	1280	99.14
51	河海大学	2534	98.25	254	95.83	2788	97.24
52	江南大学	1688	—	108	—	1796	98.05
53	南京林业大学	1138	—	189	—	1327	98.34
54	南京信息工程大学	—	—	—	—	908	95.04
55	南京农业大学	2133	96.30	507	89.74	2640	95.04
56	南京中医药大学						

续表

序号	院校名称	硕士毕业人数/人	硕士就业率/%	博士毕业人数/人	博士就业率/%	研究生毕业总数/人	研究生就业率/%
57	中国药科大学	980	99.69	283	99.65	—	—
58	南京师范大学	2552	92.48	231	98.27	2783	—
59	中国美术学院	338	95.56	18	100	—	—
60	安徽大学	—	—	—	—	2031	95.72
61	合肥工业大学	2168	98.29	90	100	2258	—
62	福州大学	1823	98.24	49	100	—	—
63	南昌大学	—	—	—	—	2794	92.95
64	河南大学	2324	91.27	29	100	—	—
65	中国地质大学（武汉）	1794	97.38	151	97.35	—	—
66	中国地质大学（北京）	1642	95.68	308	96.43	—	—
67	武汉理工大学	3299	98.60	103	96.06	3402	—
68	华中农业大学	885（学） 582（专）	93.67（学） 94.16（专）	210	90.95	1677	93.50
69	华中师范大学	3287	91.48	217	95.85	3504	91.75
70	中南财经政法大学	2367	96.62	88	98.86	—	—
71	湖南师范大学	—	—	—	—	—	—
72	暨南大学	2422	97.40	134	97.76	—	—
73	广州中医药大学	947	94.19	99	96.97	1046	—
74	华南师范大学	—	—	—	—	—	—
75	海南大学	—	—	—	—	912	91.23
76	广西大学	2149	85.06	83	93.98	—	—
77	西南交通大学	2577	97.24	151	88.74	2728	96.77
78	西南石油大学	—	—	—	—	—	—
79	成都理工大学	—	—	—	—	—	—
80	四川农业大学	—	—	—	—	1134	94.71
81	成都中医药大学	657	84.93	72	94.44	729	—

续表

序号	院校名称	硕士毕业人数/人	硕士就业率/%	博士毕业人数/人	博士就业率/%	研究生毕业总数/人	研究生就业率/%
82	西南大学	—	—	—	—	3626	91.29
83	西南财经大学	2197	98.72	80	100	2277	—
84	贵州大学	—	—	—	—	2166	82.83
85	西藏大学						
86	西北大学	2103	95.24	181	98.90	2284	
87	西安电子科技大学	2810	99.3	158			
88	长安大学	2035		161		2196	96.45
89	陕西师范大学	3507	91.53	131	91.60		
90	青海大学	411		36		447	92.62
91	宁夏大学	—	—	—	—	776	86.60
92	石河子大学						
93	中国石油大学（华东）	1643	97.20	92	98.91	—	—
94	中国石油大学（北京）	1778		187		1965	98.27
95	宁波大学	1391	98.35	37	97.30	1428	
96	中国科学院大学						
97	海军军医大学						
98	空军军医大学						

注：①表中数据来源于公开资料中能够查询到"世界一流学科建设高校"公布的《2018年毕业生就业质量报告》；②表中所选就业率数据为该校报告中最新的就业率数据，"—"表示未在互联网公开信息中检索到该校相关数据，或该校报告中未公开该项信息

（三）研究生参与科技创新规模稳定增长

科研项目是培养研究生创新实践能力的重要载体，每年都有大批研究生参与国家自然科学基金资助项目研究。根据国家自然科学基金委公布的《国家自然科学基金资助项目统计资料（2018）》，按项目组成员组成统计，研究生参加当年获得资助的国家自然科学基金面上项目、青年科学基金项目、地区科学基金项目和重点项目四种类型项目累计156534人次，比2017年的148912人次增长5.12%。其中，

博士研究生62380人次，比2017年的59136人次增长5.49%；硕士研究生94154人次，比上年的89776人次增长4.88%。① 按照研究生参与人次分析，2018年博士研究生、硕士研究生累计参与人次最多的是面上项目，分别有38164人次、48487人次。按照项目中研究生参与比例分析，重点项目组成员中博士生比例最高，为30.06%，地区项目组成员中硕士生比例最高，为34.44%。面上项目中，在读研究生占项目组成员比例的55.15%，重点项目组成员中在读研究生的比例也超过一半。研究生参与2018年国家自然科学基金项目的人次及比例如表2-7所示。

表2-7 2018年研究生参与国家自然科学基金项目的人次及比例

项目类别	项目组成员中博士生参与情况 人次	比例/%	项目组成员中硕士生参与情况 人次	比例/%	项目组成员中研究生参与情况合计 人次	比例/%
面上项目	38164	24.29	48487	30.86	86651	55.15
青年项目	19931	17.51	35383	31.09	55314	48.6
地区项目	1401	5.98	8074	34.44	9475	40.42
重点项目	2884	30.06	2210	23.06	5094	53.12

注：表中数据来自国家自然科学基金委员会编写的《国家自然科学基金资助项目统计资料（2018）》

为积极推进研究生教育内涵发展，2013年以来，教育部学位与研究生教育发展中心与中国科协青少年科技中心联合举办"中国研究生创新实践系列大赛"，成为研究生培养单位提高研究生培养质量的有力抓手。2018年，"中国研究生创新实践系列大赛"主题赛事达到10项，共计537家培养单位的8.18万名在校研究生参赛，参赛研究生数量同比增长23%。②

（四）研究生导师队伍建设持续加强

随着研究生教育规模的发展，研究生导师队伍的规模也在不断发展壮大。2018年，全国研究生导师规模达到430233名，在校研究生为2731257人，生师

---

① 国家自然科学基金委员会. 国家自然科学基金资助项目统计资料（2018年度）. [EB/OL]. (2018-12-06) [2019-03-25]. http://www.nsfc.gov.cn/nsfc/cen/xmtj/pdf/2018_table.pdf.

② 教育部学位与研究生教育发展中心. 关于举办2019年"中国研究生创新实践系列大赛"的通知 [EB/OL]. (2019-04-17) [2019-04-22]. https://cpipc.chinadegrees.cn/pw/detail/2c9088a5696cbf370169a36f5bf51079.

比为6.3∶1，与2017年的生师比6.5∶1相比，研究生导师规模相对发展更快，生师比有所降低，总体上有利于导师加强对研究生的指导。2010年到2018年，导师规模增长了65.18%，年均增长8.15%，使生师比总体上保持在6∶1左右。研究生导师和在校研究生增长情况及生师比变化情况如表2-8、图2-3所示。

2018年生师比为6.3∶1，有利于导师加强对研究生的指导

表2-8 2010—2018年研究生导师和在校研究生数及生师比情况

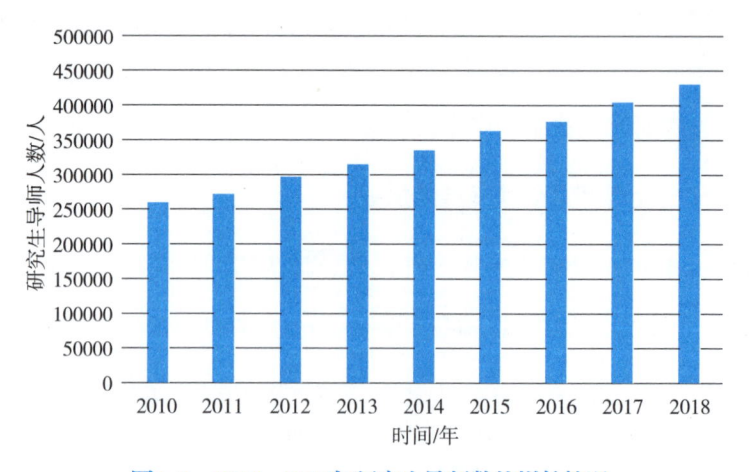

年 份	研究生导师数/人	在校研究生数/人	生师比
2010	260465	1538416	5.9∶1
2011	272487	1645845	6.0∶1
2012	298438	1719818	5.8∶1
2013	315815	1793953	5.7∶1
2014	337139	1847689	5.5∶1
2015	363218	1911406	5.3∶1
2016	378947	1954755	5.2∶1
2017	403135	2639561	6.5∶1
2018	430233	2731257	6.3∶1

图2-3 2010—2018年研究生导师数的增长情况

从研究生导师的职称结构方面分析，2018年，有正高级职称的导师人数为 203574 名，占比为 47.32%；有副高级职称的导师人数为 192206 名，占比为 44.67%；有中级职称的导师人数为 34453 名，占比为 8.01%。具有中级职称的导师人数首次突破 3 万人，在导师总体中的占比进一步提高，首次超过 8%。

中级职称的导师人数首次突破3万人，占比首次超过8%

为加强研究生导师队伍建设，教育部于 2018 年 1 月制定《关于全面落实研究生导师立德树人职责的意见》，指出："研究生导师是我国研究生培养的关键力量，肩负着培养国家高层次创新人才的使命与重任。"该文件要求强化研究生导师基本素质，包括政治素质过硬、师德师风高尚、业务素质精湛三个方面；明确了研究生导师立德树人的七项职责，包括提升研究生思想政治素质、培养研究生学术创新能力、培养研究生实践创新能力、增强研究生社会责任感、指导研究生恪守学术道德规范、优化研究生培养条件、注重对研究生人文关怀等。随着该文件相关要求在各地、各培养单位的具体落实，研究生导师的立德树人职责将深入落实，有助于提升研究生教育质量。

（五）专业学位研究生教育规模快速增长

加快发展专业学位研究生教育是《教育规划纲要》提出的重要发展战略，是近年来研究生教育发展的突破口之一。2018 年，专业学位研究生招生规模达 446588 人，比上年增长 10.32%，专业学位研究生招生规模占比为 52.05%。2018 年在校专业学位研究生约 141 万名，比上年增长 4.51%，占在校研究生数的 51.68%。2018 年在校专业学位研究生规模是 2010 年的 6.4 倍，数量从 22 万人增长到 141 万人，年均增加约 15 万人。2010—2018 年专业学位研究生数及增长情况如表 2–9、图 2–4 所示。

专业学位研究生招生规模占比为52.05%

表2-9　2010—2018年专业学位研究生统计数据

年　份	研究生招生总数/人	专业学位招生数/人	专业学位招生占比/%	在校研究生数/人	专业学位在校生/人	专业学位在校生占比/%
2010	538177	119299	22.17	1538416	221664	14.41
2011	560168	159942	28.55	1645845	338042	20.54
2012	589673	198883	33.73	1719818	449674	26.15
2013	611381	228578	37.39	1793953	546386	30.46
2014	621323	240762	38.75	1847689	612854	33.17
2015	645055	263642	40.87	1911406	673000	35.21
2016	667064	282331	42.32	1981051	736301	37.17
2017	806103	404804	50.22	2639561	1350541	51.17
2018	857966	446588	52.05	2731257	1411458	51.68

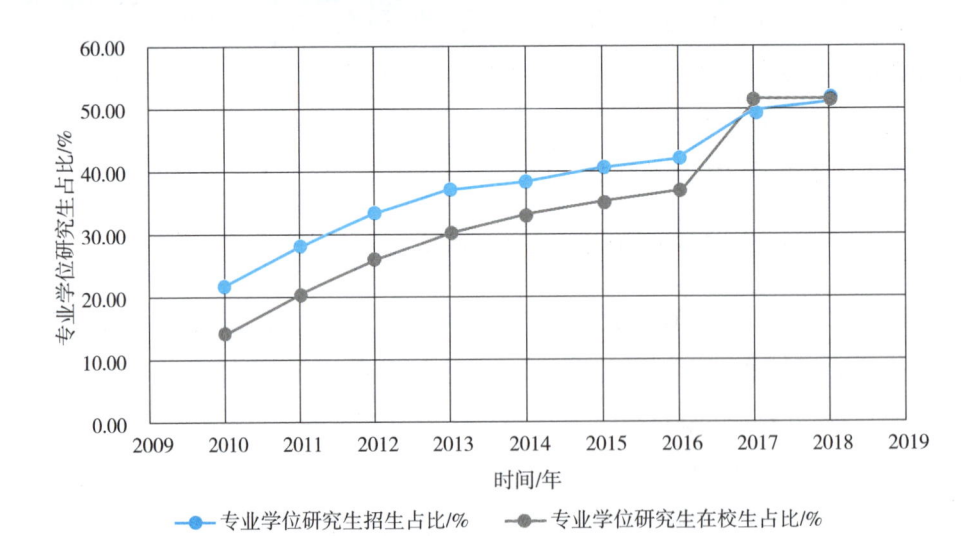

图2-4　2010—2018年专业学位研究生增长情况

（六）来华留学研究生规模首次突破8万名

教育部在2010年《留学中国计划》中提出，"到2020年来华留学生人数要达到50万人，其中接受高等教育学历教育的留学生人数要达到15万人"。随着来华留学向高层次高质量发展，来华留学研究生规模持续扩张，近年来年度增长幅度保持在10%以上。2018年来华留学研究生人数达到85062人，比2017年增长12.28%。

2018年来华留学研究生人数达到85062人

据统计，2018年共有来自196个国家和地区的492185名外国留学人员在31个省、自治区、直辖市的1004所高校学习，比2017年增加了3013人（以上数据均不含港、澳、台地区）（表2-10）。① 按学生类别统计，接受学历教育的外国留学生总计258122人，占来华生总数的52.44%，比2017年增加了16579人，同比增加6.86%；硕士和博士研究生共计85062人，比2017年增加12.28%，其中，博士研究生25618人、硕士研究生59444人（表2-11）。

表2-10　2010—2018年来华留学研究生基本情况

年　份	来华留学人数/人	学历教育人数/人	研究生人数/人	硕士生人数/人	博士生人数/人
2010	265090	107432	24866	19040	5826
2011	292611	118837	30376	23453	6923
2012	328330	133509	36060	27757	8303
2013	356499	147890	40602	30828	9774
2014	377054	164394	47990	35876	12114
2015	397635	184799	53572	39205	14367
2016	442773	209966	63867	45816	18051
2017	(48.92万)	(24.15万)	(7.58万)	—	—
2018	492185	258122	85062	59444	25618

注：① 2010—2013年数据来自教育部国际合作与交流司编写的各年度《来华留学生简明统计》；② 2014—2018年数据来自教育部官网公开发布的全国来华留学生数据；③ 2017年未公布确切数据，表中2017年的数据为教育部公开的信息，特用括号标记；④ "—"表示该项数据缺失

---

① 中华人民共和国教育部.2018年来华留学统计［EB/OL］.（2019-04-12）［2019-04-22］. http://www.moe.gov.cn/jyb_xwfb/gzdt_gzdt/s5987/201904/t20190412_377692.html.

表2-11　2010—2018年留学研究生的相对数量及增长情况

年　份	留学研究生占留学生总体的比例/%	留学研究生占学历教育留学生的比例/%	留学硕士生和博士生之比	留学研究生增长率/%	留学硕士生增长率/%	留学博士生增长率/%
2010	9.38	23.15	3.27	31.03	33.83	22.62
2011	10.38	25.56	3.39	22.16	23.18	18.83
2012	10.98	27.01	3.34	18.71	18.35	19.93
2013	11.39	27.45	3.15	12.59	11.06	17.72
2014	12.73	29.19	2.96	18.20	16.37	23.94
2015	13.47	28.99	2.73	11.63	9.28	18.6
2016	14.42	30.42	2.54	19.22	16.86	25.64
2017	—	—	—	18.62	—	—
2018	17.28	32.9	—	12.28	—	—

注：①数据来自教育部公布的来华留学生数据统计；②"—"表示缺失数据

三、研究生教育质量存在的问题分析

（一）研究生招生工作需进一步规范和改革

近几年，高校毕业生人数不断创出历史新高，研究生考试报名人数也快速增长。2018年高校毕业生首次超过800万人，达到820万人[①]，参加2018年研究生招生考试报名人数创出历史新高，达到238万人[②]。研究生招生工作质量既关乎招生公平，也是研究生教育入口质量的重要体现。一方面，个别培养单位在2018年研究生招生工作中出现不符合考试招生规定的事件，对研究生招生公平和教育质量带来损害，需要对研究生招生工作进一步规范，以确保研究生人才选拔工作的公平公正。另一方面，研究生招生工作中，伴随全日制和非全日制研究生招

---

① 中国教育报.2018年高校毕业生将达820万人［EB/OL］.（2018-02-27）［2019-03-15］.http://www.moe.gov.cn/jyb_xwfb/s5147/201802/t20180227_327862.html.

② 中国教育在线.2018年全国研究生招生考试报名人数238万人，增幅18.4%［EB/OL］（2017-12-22）［2019-03-15］.http://kaoyan.eol.cn/nnews/201712/t20171222_1575153.shtml.

生产生一些技术层面和制度层面的障碍和问题，考试政策还需要进一步探索和改革，解决好研究生招生过程中的相关问题，为研究生教育入口质量提供保障。

（二）学位授予工作需要更加规范和严格

学位授予质量体现了研究生教育的出口质量，在很大程度上也是培养过程质量的集中体现。当前，部分培养单位在学位授予工作中仍然缺少规范或者规范执行不够严格，在学位论文评阅、学位论文答辩等环节存在把关不严的问题，并影响学位授予质量。博士硕士学位论文抽检经常出现存在问题的论文，极少数质量事件导致社会公众对研究生教育质量产生质疑，对研究生教育工作敲了警钟。因此，培养单位必须加强学位授予工作规范，严格按照学位基本要求制定和完善学位授予标准，做好论文评阅和答辩环节的有关工作，按照质量标准对学位授予环节严格把关，不断提高学位论文抽检合格率，切实把好研究生教育的出口质量关。

（三）研究生教育服务经济社会发展的能力需要提升

教育与经济是互相支撑互为促进的关系，研究生教育服务经济社会发展的能力是研究生教育质量的重要体现。当前研究生教育的学科专业结构与经济社会发展需求的匹配性还不高，学科专业设置调整机制缺乏灵活性和适应性，研究生个体的创新能力和实践能力与科技创新需求和用人单位需求也存在较大差距和不足。因此，需要进一步完善学位授权审核机制，扩大落实培养单位的办学自主权，引导培养单位按照经济社会发展需求灵活设置学科专业，完善学术学位、专业学位等不同类型的人才模式以适应经济社会发展需求，全面系统提升研究生教育质量。

第三章　2018年度中国研究生教育质量事件、单位与人物

2018年，研究生教育典型的质量事件、质量单位和质量人物，在一定程度上反映了年度研究生教育质量状况。课题组筛选出研究生教育领域十大质量事件、一个研究生培养示范单位和一位年度质量人物。

一、2018年度研究生教育质量事件

（一）国家出台政策文件，促进高校加快"双一流"建设

2018年8月20日，为贯彻落实党的十九大精神，加快"双一流"建设，根据国务院印发的《统筹推进世界一流大学和一流学科建设总体方案》和教育部、财政部、国家发展改革委联合印发的《统筹推进世界一流大学和一流学科建设实施办法（暂行）》，教育部、财政部、国家发展改革委制定了《关于高等学校加快"双一流"建设的指导意见》（以下简称《指导意见》）。《指导意见》主要从五个方面进行阐述：总体要求；落实根本任务，培养社会主义建设者和接班人；全面深化改革，探索一流大学建设之路；强化内涵建设，打造一流学科高峰；加强协同，形成"双一流"建设合力。[①]

在总体要求方面，《指导意见》强调要以习近平新时代中国特色社会主义思想为指导，深入贯彻落实党的十九大精神，坚持"特色一流""内涵发展""改革驱动""高校主体"四项基本原则。在落实根本任务、培养社会主义建设者和接班人方面，《指导意见》要求坚持中国特色社会主义办学方向，坚持和加强党的全面领导。引导学生成长成才，着力培养一大批德、智、体、美全面发展的社会主义建设者和接班人。构建课程、科研、实践、资助等一体化育人体系，坚持突

---

① 教育部，财政部，国家发展改革委.《关于高等学校加快"双一流"建设的指导意见》的通知.[EB/OL].（2018-08-20）[2019-03-20]. http://www.moe.gov.cn/srcsite/A22/moe_843/201808/t20180823_345987.html.

出特色优势、突出质量水平、突出价值导向、突出服务效能等，把思想政治工作贯穿教育教学全过程、贯通人才培养全体系，形成高水平人才培养体系。深化教育教学改革，提高人才培养质量，以培养拔尖创新人才。在全面深化改革、探索一流大学建设之路方面，《指导意见》认为需求是推动建设的源动力，因此要增强服务重大战略需求能力。优化学科布局，构建协调可持续发展的学科体系。严把选聘考核晋升思想政治素质关，建设高素质教师队伍。提升科学研究水平，突出一流科研对一流大学建设的支撑作用。深化国际合作交流，大力推进高水平实质性国际合作交流。加强大学文化建设，构建具有时代精神、风格鲜明的中国特色大学文化。完善中国特色现代大学制度，以制度建设保障高校整体提升。①

在强化内涵建设、打造一流学科高峰方面，《指导意见》指出要明确学科建设内涵，坚持人才培养、学术团队、科研创新"三位一体"，突出学科优势与特色，拓展学科育人功能，加强科研实践和创新创业教育，培养一流人才。汇聚拔尖人才，激发团队活力，打造高水平学科团队和梯队；增强学科创新能力，将学术探索与服务国家需求紧密融合，着力提高关键领域原始创新能力和建设性社会影响。创新学科组织模式，加强学科协同交叉融合。在加强协同、形成"双一流"建设合力方面，《指导意见》提出要健全高校"双一流"建设管理制度，明确并落实高校在"双一流"建设中的主体责任，增强建设的责任感和使命感。增强高校改革创新自觉性，加大地方区域统筹，加强引导指导督导，完善评价和建设协调机制。②

教育部学位管理与研究生教育司负责人指出：《指导意见》的印发，对当前高校落实"双一流"建设总体方案和实施办法提出具体指导，进一步明确了建设高校的责任主体、建设主体、受益主体地位，引导高校深化认识，转变理念，走内涵式发展道路，确保实现建设方案的目标任务。③

---

①② 教育部，财政部，国家发展改革委.《关于高等学校加快"双一流"建设的指导意见》的通知.[EB/OL].（2018-08-20）[2019-03-20]. http://www.moe.gov.cn/srcsite/A22/moe_843/201808/t20180823_345987.html.

③ 教育部，财政部，国家发展改革委.《关于高等学校加快"双一流"建设的指导意见》高校"双一流"建设有了行动指南.[EB/OL].（2018-08-28）[2019-03-20]. http://www.moe.gov.cn/jyb_xwfb/s5147/201808/t20180828_346305.html.

（二）教育部狠抓研究生导师立德树人职责落实工作

2018年1月17日，为贯彻落实全国高校思想政治工作会议精神，努力造就一支有理想信念、道德情操、扎实学识、仁爱之心的研究生导师队伍，教育部制定《关于全面落实研究生导师立德树人职责的意见》（以下简称《意见》）。①

《意见》在指导思想上高举中国特色社会主义伟大旗帜，以马克思列宁主义、毛泽东思想、邓小平理论、"三个代表"重要思想、科学发展观、习近平新时代中国特色社会主义思想为指导，强调落实导师是研究生培养第一责任人的要求。《意见》对研究生导师的基本素质提出要求：政治素质过硬、师德师风高尚、业务素质精湛。《意见》明确研究生导师立德树人的职责：提升研究生思想政治素质、培养研究生学术创新能力、培养研究生实践创新能力、增强研究生社会责任感、指导研究生恪守学术道德规范、优化研究生培养条件、注重对研究生人文关怀。《意见》还提出健全研究生导师评价激励机制。完善评价考核机制，坚持立德树人，把教书育人作为研究生导师评价的核心内容，突出教育教学业绩评价，将人才培养中心任务落到实处；明确表彰奖励机制，研究生培养单位要将导师立德树人评价考核结果，作为人才引进、职称评定、职务晋升、绩效分配、评优评先的重要依据，充分发挥考核评价的鉴定、引导、激励和教育功能；落实督导检查机制，教育行政部门和研究生培养单位要把导师立德树人职责落实情况纳入教学督导范畴，加强督导检查；各级教育主管部门加强组织领导，强化督导检查，确保政策落实，突出制度建设，形成落实导师立德树人职责的长效机制；研究生培养单位全面贯彻落实；倡导全社会共同关心协同参与。②

为贯彻教育部《关于全面落实研究生导师立德树人职责的意见》，各省级教育主管部门和研究生培养单位纷纷出台相应措施。江苏省教育厅、省学位委员会印发《研究生导师职业道德"十不准"（试行）》文件，从各个层面对高校研究生导师职业规范划出"红线"，并明确对违规者采取"暂停或取消研究生导师资格"等相应处分。同时还出台了《关于加强研究生导师队伍建设的意见》，以文件形

---

①② 中华人民共和国教育部.关于全面落实研究生导师立德树人职责的意见［EB/OL］.（2018-02-09）［2019-03-20］. http://www.moe.gov.cn/srcsite/A22/s7065/201802/t20180209_327164.html.

式明确研究生导师选聘制度、基本权利与职责、管理机制等。江苏省教育厅要求各研究生培养单位及时受理研究生及其他相关人员的投诉,充分发挥研究生党团组织的作用,及时发现、了解和掌握研究生导师违反师德师风建设要求以及"十不准"的情形,不回避、不遮掩、不包庇、不护短、认真对待、及时反应、严肃处置,通过约谈告诫等方式予以纠正,视情形给予暂停招生资格、取消研究生导师资格,直至给予相应处分等,切实保障研究生导师队伍风清气正。[①]江苏省教育厅表示,今后将把研究生导师立德树人情况纳入高水平大学和学科建设评价体系,每3年开展一次研究生导师指导质量抽评,评价和调查结果作为研究生招生计划、省级相关项目安排的重要依据。选聘研究生导师时,凡存在师德问题的一票否决。[②]2018年5月,西安交通大学经党委常委会批准,首次推出以"八要""十不准"为主要内容的《研究生导师立德树人职责实施细则》,对研究生导师立德树人的职责进行了全面而细致的规定,做到了可操作、可考核,对引导研究生导师立德树人行为具有重要的指导意义。该细则坚持了研究生导师师德建设的针对性和贴近性,建立了多方面共同参与的自查与监督长效机制,强化了失范必究的落实机制。西安交通大学在学校党委领导下,目前已全面启动导师立德树人职责履行情况首次自查,帮助导师时刻牢记自己立德树人的首要职责。西安交通大学将2018年确定为导师队伍建设年,将"立德树人"作为"双一流"建设的核心任务。[③]

(三)国家持续推动全国高校学位授权点专项评估工作

2018年2月27日,国务院学位委员会第三十四次会议审议通过并下达了2017年学位授权点专项评估结果及处理意见。评估结果为"合格"的学位授权点,

---

[①] 江苏省教育厅.江苏省研究生导师职业道德规范"十不准"(试行)[EB/OL].(2018-10-29)[2019-03-20]. http://jyt.jiangsu.gov.cn/art/2018/10/29/art_58320_7856114.html.

[②] 中华人民共和国教育部.江苏出台研究生导师职业道德规范"十不准"师德存在问题选聘时一票否决[EB/OL].(2018-11-16)[2019-03-20]. http://www.moe.gov.cn/jyb_xwfb/s5147/201811/t20181116_354988.html.

[③] 中华人民共和国教育部.西安交通大学推出研究生导师"八要""十不准"立德树人行为引导机制[EB/OL].(2018-07-09)[2019-03-20]. http://www.moe.gov.cn/s78/A22/moe_847/201807/t20180709_342433.html.

可继续行使学位授权；评估结果为"限期整改"的学位授权点，自发文之日起进行为期2年的整改，2018年招生工作结束后暂停招生。整改结束后接受复评，复评结果为"合格"的恢复招生，复评结果达不到"合格"的撤销学位授权。限期整改的博士学位授权点，与其同一学科的硕士学位授权点继续行使硕士学位授权并招收硕士研究生。本次评估共有80所学校的202个学位点参与评估，包括129个博士学位授权点、68个硕士学位授权点和5个硕士专业学位授权点。大部分学校评估结果都显示合格，只有7所学校的7个专业需要限期整改。①

2018年3月19日，国务院学位委员会、教育部发布2018年学位授权点专项评估工作通知，通知指出，2018年学位授权点专项评估工作由国务院学位委员会办公室负责，委托国务院学位委员会学科评议组和全国专业学位研究生教育指导委员会组织实施。本次评估的对象为2014年获得授权且未调整的学位授权点和2014年学位授权点专项评估结果为"限期整改"的学位授权点。本次评估的内容为参评点研究生培养体系的完备性，包括师资队伍（队伍结构、导师水平）、人才培养（招生选拔、培养方案、课程教学、学术训练或实践教学、学位授予）和质量保证（制度建设、过程管理、学风教育）等。学科评议组、教指委将根据各学科或专业学位类别实际，研究制订专项评估工作方案，并报国务院学位委员会办公室，由国务院学位委员会办公室转发相关省级学位委员会和学位授予单位，并通过教育部门户网站向社会公开。学位授予单位根据专项评估工作方案组织评估材料并提交有关学科评议组、教指委，同时上传全国学位与研究生教育质量信息平台。未按时提交参评点评估材料且未申请主动放弃的，该参评点视为评估"不合格"。学科评议组、教指委组织参评专家在充分评议基础上，对参评点进行表决。参加表决的人数应达到参评专家总数的2/3。表决意见分为"合格"和"不合格"。同时汇总评议情况和表决结果，将参评点主要问题和改进建议形成评估意见并在表决结束后10个工作日内，通过全国学位与研究生教育质量信息平台等渠道，向参评点及其所属学位授予单位反馈评估表决结果及其可能产生的后果，以及具体评估意见。参评点所属学位授予单位对评估意见提出异议

---

① 国务院学位委员会．教育部关于下达2017年学位授权点专项评估结果及处理意见的通知[EB/OL]．（2018-03-02）[2019-03-20]．http://www.moe.gov.cn/s78/A22/A22_gggs/A22_sjhj/201803/t20180302_328436.html.

的，学科评议组、教指委应按专项评估工作方案做出处理，最后由学科评议组、教指委将专项评估报告报国务院学位委员会办公室。①

（四）国家更新学位授予和人才培养学科目录

2018年4月，教育部对《学位授予和人才培养学科目录》做出了及时更新和调整。《学位授予和人才培养学科目录》根据国务院学位委员会、教育部规定印发，是国家进行学位授权审核与学科管理、学位授予单位开展学位授予与人才培养工作的基本依据，适用于硕士、博士的学位授予、招生和培养，并用于学科建设和教育统计分类等工作，国家先后施行过4份学科专业目录，其中第四份是2011年2月国务院学位委员会第二十八次会议审议批准的《学位授予和人才培养学科目录（2011年）》。

2018年4月更新后的目录依旧保持13个学科门类

与2011年版学科目录相比，2018年4月更新后的目录依旧保持13个学科门类的体系。该目录根据近年来国务院学位委员会做出的相关决议、审批、批准等意见，在具体学科门类下做了相应更新。主要包括：①在"工学"门类下，增设"网络空间安全"一级学科，学科代码为"0839"，授予"工学"学位。增设这个一级学科的目的是实施国家安全战略，加快网络空间安全高层次人才培养。②按照《国务院学位委员会、教育部关于对工程专业学位类别进行调整的通知》，将"工程"（代码0852）专业学位类别调整为电子信息（代码0854）、机械（代码0855）、材料与化工（代码0856）、资源与环境（代码0857）、能源动力（代码0858）、土木水利（代码0859）、生物与医药（代码0860）、交通运输（代码0861）8个专业学位类别。③将"农业推广"正式更名为"农业"。④新增"中医"专业学位。⑤"军制学"更名为"军事管理学"。②

---

① 国务院学位委员会.教育部关于开展2018年学位授权点专项评估工作的通知［EB/OL］.（2018-03-29）［2019-04-20］. http://www.moe.gov.cn/s78/A22/xwb_left/moe_839/201803/t20180329_331690.html.

② 教育部学位管理与研究生教育司.学位授予和人才培养学科目录（2018年4月更新）［EB/OL］.（2018-04-19）［2019-04-20］. http://www.moe.gov.cn/s78/A22/xwb_left/moe_833/201804/t20180419_333655.html.

（五）国务院学科评议组和研究生教指委工作机制进一步完善

2018年5月7日，国务院学位委员会、教育部发布了《关于进一步发挥国务院学位委员会学科评议组和专业学位研究生教育指导委员会作用的意见》（以下简称《意见》）。党的十九大提出，"加快一流大学和一流学科建设，实现高等教育内涵式发展"。《意见》指出，为深入贯彻落实习近平新时代中国特色社会主义思想和党的十九大精神，实现学位与研究生教育事业内涵式发展，就进一步发挥学科评议组和教指委作用提出指导意见。

《意见》对学科评议组和教指委作用的政治方向、职责作用、工作机制、纪律规矩等作出了明确的规范化要求：第一，把握正确的政治方向。坚持以习近平新时代中国特色社会主义思想和党的十九大精神为指引，牢牢把握社会主义办学方向，坚持党的教育方针，落实立德树人根本任务。第二，强化职责作用。切实履职尽责，全面履行学科评议组的组织章程、教指委工作规程中规定的职责任务，完成好国务院学位委员会、教育部委托的专项工作，积极主动作为，切实提高工作效率和质量。强化研究咨询职责，强化标准制定与审核评估职责，强化学科建设职责，积极参与重大改革，积极组织交流活动。第三，完善工作机制。落实组织责任、协助责任、成员责任，完善内部定期沟通交流机制。第四，严守纪律规矩。强化组织纪律与个人纪律，加强经费管理，维护组织声誉，强化监督问责，对违反相关纪律并造成严重后果的，主管部门应取消其学科评议组成员、教指委委员的资格，并通报其所在单位。第五，加强支持力度。学科评议组召集人和教指委秘书处所在单位应当在人员配备、岗位设置、办公条件等方面提供工作保障，积极给予支持。国务院学位委员会、教育部将加强对学科评议组、教指委的指导与支持，及时解决学科评议组、教指委工作中的困难和问题，定期组织交流研讨，依法依规给予经费支持，畅通沟通与发声渠道，加强信息平台建设，为专家组织切实发挥作用提供支持与保障。《意见》要求各学科评议组、教指委把本意见传达至每位成员、委员，认真贯彻落实。[①]

[①] 教育部学位管理与研究生教育司.关于进一步发挥国务院学位委员会学科评议组和专业学位研究生教育指导委员会作用的意见［EB/OL］.（2018-05-07）［2019-04-20］. http://www.moe.gov.cn/s78/A22/A22_ztzl/ztzl_03/gzwj/201805/t20180511_335691.html.

（六）高等学校开展学位授权自主审核工作获新进展

2018年4月17日，为深化学位授权审核改革，国务院学位委员会决定稳步推进高等学校开展学位授权自主审核工作，根据《博士硕士学位授权审核办法》（以下简称《办法》）的相关规定，印发了《关于高等学校开展学位授权自主审核工作的意见》（以下简称《意见》），对各高校申请进行学位授权自主审核的目的与要求等提出了指导意见。

《意见》指出，高等学校开展学位授权自主审核工作是贯彻落实党的十九大关于"加快一流大学和一流学科建设，实现高等教育内涵式发展"的重要举措，是学位授权审核改革的重要内容，在激发办学活力、提高学科水平、发展交叉学科、形成特色优势、加快创新人才培养、开展高水平研究生教育、提升服务需求能力等方面都具有重要意义。《意见》规定，高等学校开展学位授权自主审核工作应坚持"服务需求、保证质量、前瞻引领、规范稳妥"的原则，新增学位授权点，既要符合国家发展需求，又要符合本单位办学定位；既要严格按照标准新增，又要体现高水平研究型大学办学水平；既要反映学科发展趋势超前部署，又要发挥示范引领作用；既要程序规范、科学严谨，又要稳步有序、避免一哄而上。《意见》要求高等学校在制订学校发展规划的同时，应制定学科建设与发展规划，明确本单位学科建设发展目标、整体布局、阶段任务与保障措施。通过后的学科建设与发展规划应向社会公开，并报国务院学位委员会办公室备查。高等学校制定新增学位授权点的标准应体现本单位办学水平，必须高于国家同类学科或专业学位类别的申请基本条件。新增学位授权点标准经校学位评定委员会审议通过后向社会公开。高等学校应根据《办法》和《意见》的要求，制订本单位学位授权审核实施办法，并报国务院学位委员会办公室备查。在探索设置新兴交叉学科学位授权点时必须从严把握，应系统梳理凝练交叉学科学位授权点的学理基础、理论体系和研究生教育课程体系。《意见》要求各高校要合理控制自主审核节奏，根据科学技术发展前沿趋势、经济社会发展需求和本单位学科基础条件，以及资源配置能力，统筹考虑新增学位授权点，每年新增博士学位授权点数量不得超过本单位已有博士学位点数量的5%。《意见》强调，高等学校自主审核新增的学位授权点，必须按照《学位授权点合格评估办法》的规定接受专项评估，应自觉接受教育行政管理部门和社会的监督。对在学位授权点合格评估和专项评估中出现博士硕士学位授权点被评为"不合格"的、发生严重研究生培养质量或管理问题的、已不再符合自主审核单位申请基本条件的高等学校,国务院学位委员会将取消其自主审核资格。①

可开展学位授权自主审核的高校有20所

根据国务院于4月19日发布的《国务院学位委员会关于印发学位授权自主审核单位名单的通知》,本次可开展学位授权自主审核的20所高校是:北京大学、中国人民大学、清华大学、北京航空航天大学、中国农业大学、北京师范大学、南开大学、天津大学、吉林大学、哈尔滨工业大学、复旦大学、同济大学、上海交通大学、南京大学、浙江大学、中国科学技术大学、厦门大学、武汉大学、西安交通大学、中国科学院大学。②

国务院学位委员会办公室负责人在回答记者提问时表示,当前我国研究生教育已迈入新的历史阶段,"服务需求、提高质量"已成为学位与研究生教育改革发展的主线,研究生教育发展的新形势和新任务,需要进一步深化学位授权审核改革。30多年的学位授权审核实践,在不断完善学位授权审核制度的同时,也为制定学位授权审核办法提供了坚实基础。③

(七)《中华人民共和国学位条例》修订工作加快进行

2018年11月26日,《中华人民共和国学位条例》(以下简称《学位条例》)修订专题调研座谈会在清华大学举行。全国人大常委会委员、教科文卫委员会副主任委员、教育部党组原副书记、原副部长杜玉波,全国人大常委会委员、教科

---

① 国务院学位委员会.关于高等学校开展学位授权自主审核工作的意见[EB/OL].(2018-04-17)[2019-03-20]. http://www.moe.gov.cn/srcsite/A22/yjss_xwgl/moe_818/201804/t20180427_334449.html.

② 国务院学位委员会.关于印发学位授权自主审核单位名单的通知[EB/OL].(2018-04-19)[2019-03-20]. http://www.moe.gov.cn/srcsite/A22/yjss_xwgl/moe_818/201804/t20180427_334450.html.

③ 教育部学位管理与研究生教育司.教育部就深化高等教育领域"放管服"改革《意见》答问[EB/OL].(2017-04-06)[2019-03-20]. http://www.scio.gov.cn/xwfbh/gbwxwfbh/xwfbh/jyb/document/1547159/1547159.htm.

文卫委员会副主任委员、清华大学校长邱勇出席并主持座谈会。全国人大教科文卫委员会委员、军事科学院副院长何雷，国务院学位委员会办公室副主任、教育部学位管理与研究生教育司司长洪大用等出席座谈会。

杜玉波介绍了《学位条例》修订的相关背景。他指出，1980年公布的《学位条例》标志着我国学位制度的正式建立，对促进我国教育发展起到了至关重要的作用。当前，中国高等教育进入了新的历史发展时期，原有条例已不能完全满足改革实践与未来发展的需要，因而对《学位条例》进行与时俱进的调整非常迫切。围绕具体修订工作，杜玉波提出三点要求：一是提升立法站位，始终把握好《学位条例》修订的方向。要着眼世界水平，坚持服务国家经济社会发展大局，坚持把质量作为学位工作的生命线，坚定制度创新；二是坚持问题导向，做好做实调研工作。要进一步提高立法针对性、及时性、可操作性，提升立法质量，注重解决现实问题，为我国高等教育事业改革发展提供制度保障；三是做好组织保障，不断加快修订进程。要进一步增强紧迫感，加强协同合作，不断将修订工作推向前进。

邱勇在讲话中指出，《学位条例》事关每一位学子的切身利益，也事关高校人才培养质量和价值导向，意义重大、影响深远，必须高度重视并将这项工作做好做实。邱勇说，当前，国内高校正在加快"双一流"建设、全面推进改革，《学位条例》的修订应与这一重大背景紧密结合。党的十九大报告提出，"要加快一流大学和一流学科建设，实现高等教育内涵式发展"。在《学位条例》的修订工作中，我们也要走内涵式发展的道路，始终以提高人才培养水平和质量为核心目标，坚持服务国家教育事业发展大局，坚持问题导向，坚定改革意识，注重听取并采纳身处教育一线的专家学者的意见与建议，将条例修订工作不断细化，力争早日修订出一部契合时代要求、着眼未来发展的法律，规范和引领我国教育事业更好更快发展。

何雷指出，《学位条例》修订对于构建具有中国特色的学位制度具有十分重要的意义，将为实现"两个一百年"奋斗目标和中华民族伟大复兴的中国梦提供坚实的人才保障。何雷还就条例修订的相关细则提出了建议。国务院学位委员会办公室副主任、教育部学位管理与研究生教育司副司长徐忠波，教育部政策法规司副司长王大泉先后就《学位条例》修订的历史与现实、工作进展情况、修改重点、下一步规划等内容作了介绍。

北京大学原常务副校长柯杨，中国人民大学教授秦惠民，中国学位与研究生教育学会副会长、清华大学副校长、教务长杨斌，中国学位与研究生教育学会副会长、哈尔滨工业大学副校长丁雪梅，中国学位与研究生教育学会副会长、东南大学副校长金保昇，中国学位与研究生教育学会副会长、重庆大学校长张宗益，中国学位与研究生教育学会副会长、西安交通大学副校长郑庆华，中国学位与研究生教育学会副会长、北京理工大学研究生教育研究中心主任王战军等先后发言，站在历史与现实的交汇点，分别就《学位条例》修订中涉及的具体内容提出了针对性建议。他们表示，新时代重启《学位条例》修订，对全面实施依法治教、深化高等教育改革具有十分重要的意义。要积极抓住此次修订的机会，直面我国学位与高等教育发展中面临的现实问题，集思广益、达成共识，为开启中国高等教育改革创新的新局面发挥积极作用。

本次专题调研座谈会是全国人大教科文卫委员会调研组专程到中国学位与研究生教育学会围绕学位条例修订进行的专题调研。全国人大教科文卫委员会、国务院学位委员会办公室、教育部政策法规司、中国学位与研究生教育学会等相关单位负责人，以及来自北京大学、中国人民大学、清华大学、哈尔滨工业大学、东南大学、重庆大学、西安交通大学、北京理工大学等单位的专家学者出席座谈会。①

此前，由教育部政策法规司主办、东南大学组织承办的《中华人民共和国学位条例》修订专题研讨会，于9月20日在东南大学召开。来自教育部政策法规司、学位管理与研究生教育司、国务院学位委员会办公室、全国人大常委会法工委教育室以及北京大学、中国人民大学等单位的60余名专家学者出席了会议。各位专家学者分别从不同的角度为条例修订提供了专业性意见，与会学者为共同推进《学位条例》的修订建言献策。②

---

① 清华大学.《中华人民共和国学位条例》修订专题调研座谈会在清华大学举行［EB/OL］.（2018-11-27）［2019-03-20］. http://news.tsinghua.edu.cn/publish/thunews/9660/2018/20181205145136274983348/20181205145136274983348_.html.

② 东南大学.《中华人民共和国学位条例》修订研讨会在东南大学召开［EB/OL］.（2018-09-25）［2019-03-20］. http://news.seu.edu.cn/2018/0925/c5486a241280/page.html.

（八）高校研究生实验室安全保障不容忽视

2018年12月26日，北京交通大学实验室进行垃圾渗滤液污水处理科研实验时，发生爆炸并引发火灾。经核实，共有3名参与实验的研究生在事故中不幸遇难。事故发生后，学校第一时间成立工作小组，党委书记、校长任组长，在现场组织救援、安全防护工作，并及时召开党委常委会扩大会议通报情况、部署工作。学院院长已停职检查，遇难研究生的导师停止一切教学科研工作，协助配合事故调查处置工作。北京市应急管理局于2019年2月13日发布"12·26"事故调查报告，报告确认事故直接原因为：在使用搅拌机对镁粉和磷酸搅拌、反应过程中，料斗内产生的氢气被搅拌机转轴处金属摩擦、碰撞产生的火花点燃爆炸，继而引发镁粉粉尘云爆炸，爆炸引起周边镁粉和其他可燃物燃烧，造成现场3名学生烧死。违规开展试验、冒险作业，违规购买、违法储存危险化学品，对实验室和科研项目安全管理不到位，是导致本起事故的间接原因。[1]

事发后一周，国务院安全生产委员会办公室召开高等学校实验室安全管理工作视频会议，深入贯彻落实党中央、国务院领导同志指示批示要求，深刻吸取"12·26"事故教训，进一步推动高校实验室安全管理责任落实。会议指出，近年来，高校实验室安全事故时有发生，冲击人民群众和广大师生的安全感，暴露出我国高校实验室管理存在着安全责任不落实、管理制度不健全、危险物品安全管理不到位、实验人员违规操作、相关部门安全监管存在薄弱环节等问题。会议强调，各高校要加强实验室安全责任体系建设，深化学校、二级院系、实验室三级安全管理责任落实；完善和落实各项管理制度，实现对实验室安全的全过程、全要素、全方位管控；强化对实验室危险物品采购、运输、存储、使用等各环节的管理；加强实验室安全检查，全面排查各环节风险隐患；狠抓安全宣传教育培训，不断提高广大师生安全知识水平。[2]

---

[1] 北京交通大学实验室爆炸事故调查报告公布［EB/OL］.（2019-02-14）［2019-03-20］. http://www.sohu.com/a/294733504_162758.

[2] 国务院安委办.深刻吸取北交大事故教训［EB/OL］.（2019-01-03）［2019-03-20］. http://www.bjnews.com.cn/news/2019/01/03/536146.html.

（九）研究生教育学学科建设推向深入，建立了研究生学术论坛

2018年1月13—14日，北京理工大学研究生教育研究中心主办，学位与研究生教育杂志社、天津大学教育学院共同支持的全国首届研究生教育学研究生学术论坛在北京召开。国务院学位委员会办公室综合处处长杨大研，北京理工大学研究生教育研究中心主任王战军教授，学位与研究生教育杂志社社长周文辉，清华大学教育研究院叶赋桂教授，北京理工大学教育研究院师生，学位与研究生教育杂志社编辑，天津大学教育学院研究生教育学方向师生，清华大学教育研究院博士生等50余人参加了活动。

杨大研做《实现学位与研究生教育内涵式发展》的特邀报告，重点分析了新时代我国学位与研究生教育如何实现内涵式发展，分别从回顾历史、认清当下、展望未来三方面展开详述。提出我国学位与研究生教育应继续坚持"服务需求、提高质量"的主线，走内涵式发展道路，到2050年迈入世界研究生教育强国前列。周文辉围绕"如何撰写研究生教育领域的学术论文"问题作了报告，介绍了《学位与研究生教育》杂志的办刊定位、栏目设置、用稿原则、选文标准，重点讲解了学术论文"如何选题"和"如何论证"两大关键问题。学术研讨和盘点环节中，来自北京理工大学、天津大学、清华大学的30余名研究生就研究生教育学学科、"双一流"建设等主题以及2017年学术进展进行了汇报交流，与会专家对此进行了针对性的点评与指导。王战军指出2018年研究生教育学学科建设目标：一是面向新时代、新起点、新要求，呼唤新气象、新作为；二是为梦想读书、学习、做研究，为学科思考、写作、出成果，期望大家适应新时代、学习新知识、研究新问题、创作新成果、获得新收获。本次论坛的召开，为全国高校的教育学研究生学子提供一个高水平、优质的学术交流平台，促进学生间开展有益的学术交流与合作。①

（十）研究生招生数量的增长，反映了社会对研究生教育的需求

2018年是中国改革开放40年，也是恢复研究生教育40年。40年来，我国

---

① 北京理工大学. 北理工举办首届研究生教育学研究生学术论坛［EB/OL］.（2018-01-16）［2019-03-20］. http://cge.bit.edu.cn/xwzx/zxxw/116233.htm.

学位制度从无到有，研究生规模从小到大。伴随着经济和社会的高速发展，研究生教育经历了不平凡的发展历程。1978年研究生招生数量仅有10708人，到2017年研究生招收806103人，增加了大约74倍。2019年全国硕士研究生报名人数290万人，较上一年激增52万人，增幅达到21.8%，成为近10年增幅最大的一年。具体到各省的报名人数中，广东省、河南省、江西省增幅较大，分别达到29.6%、25.6%、24.8%。报名人数构成中，往届生占比上升较快，辽宁省、河北省等省份往届生占比已经超过40%，接近半数，往届生成为考生中的重要组成部分。招生中，专业学位研究生人数首次超过学术学位研究生人数，成为研究生教育主体，反映了社会对于应用型人才的迫切需求。从数据来看，近年来，无论是硕士或博士研究生学位授予数量均高于应届毕业生数量，并且在逐渐扩大，表明在职人员获取硕士、博士学位数量在逐年增加。可以预见，在学位与研究生教育"十三五"规划影响下，今后一段时间我国研究生教育规模仍将继续扩大。①

2019年全国硕士研究生报名人数290万人，较上一年激增52万人

在研究生报名和录取人数增长的同时，教育部各部门更需加强对于研究生考试公平公正的保障，考试招生工作关系考生切身利益，必须高度重视、严之又严、慎之又慎。深刻吸取2019年研究生入学考试问题事件的经验教训，引以为戒，举一反三，加强对考试招生工作的领导和监管。逐条对照教育部有关规定，全面排查风险隐患，发现问题要即知即改，立行立改。各省级高校招生委员会要进一步强化对本地区研究生招生单位自命题工作的指导，层层压实责任，加强监督检查，确保各项规章制度严格规范执行，切实维护考试招生公平公正。②

---

① 中国教育在线.全国研究生招生调查报告［EB/OL］.（2019-01-11）［2019-03-20］. http://www.eol.cn/html/ky/2019report/content.html.

② 教育部.关于对西南大学、电子科技大学2019年研考自命题事件有关校级领导干部问责的通报［EB/OL］.（2019-01-11）［2019-03-20］. http://www.moe.gov.cn/jyb_xwfb/gzdt_gzdt/s5987/201901/t20190111_366672.html.

二、2018年度研究生教育质量示范单位——上海市

（一）上海市研究生教育概况

1. 上海市研究生教育规模和结构

上海市研究生教育进入了一个新的发展阶段。截至 2018 年 7 月，上海市有 63 家研究生培养单位，其中 17 家单位的学位工作由其上级主管部门统一管理。46 家学位工作由上海市主管的研究生培养单位中，博士、硕士学位授予单位 23 家，硕士学位授予单位 23 家。拥有博士一级学科学位授权点 239 个、博士二级学科学位授权点 11 个、硕士一级学科学位授权点 230 个、硕士二级学科学位授权点 61 个，涵盖了 13 个学科门类中的 12 个（军事学除外），覆盖了 111 个一级学科中的 88 个；博士专业学位授权点 11 个，硕士专业学位授权点 231 个，工程硕士专业学位授权领域 167 个，涵盖了 47 个专业学位类别中的 44 个（警务硕士、林业硕士、军事硕士除外）。各培养单位共有全日制在校研究生 15.9 万人，其中博士研究生 3.2 万人、硕士研究生 12.7 万人。博士学位授予人数为 5261 人，学术学位 4941 人，专业学位 320 人；硕士学位授予人数为 35307 人，学术学位 18635 人，专业学位 16672 人。

2. 上海市研究生教育成绩显著

（1）国家高等教育教学成果奖：在 2014 年、2018 年连续两届全国高等教育教学成果奖获奖项目中，从研究内容主体看，上海市高校获奖项目中，有研究生项目 8 项，其中特等奖 1 项、一等奖 1 项、二等奖 6 项；本科与研究生教育合作项目 24 项，其中一等奖 2 项、二等奖 22 项。

上海市共获得研究生教育成果奖14项

（2）全国研究生教育成果奖：中国学位与研究生教育学会研究生教育成果奖在 2014 年、2016 年、2018 年开展了三届评选工作，一共评出 122 项，其中特等奖 2 项、一等奖 28 项、二等奖 92 项。在这三届评奖中，上海市共获得研究生教育成果奖 14 项，其中特等奖 1 项、一等奖 1 项、二等奖 12 项。

（3）全国优秀博士学位论文奖：从1999年开始到2013年终止，教育部和国务院学位委员会连续开展了十五届全国优秀博士学位论文评选工作，共产生1469篇全国优秀博士学位论文，其中上海市有201篇获奖，其中高校153篇、中科院上海分院48篇，全市获奖数占全国的13.68%。

全国优秀博士学位论文，其中上海有201篇

3. 上海市学科建设取得重要进展

上海市高校学科入选"A"级别档次的有91个，占总数的12.8%

（1）全国第四轮学科评估：2017年12月28日，教育部学位与研究生教育发展中心公布了全国第四轮学科评估结果。全国高校共有710个学科进入"A"级别的档次，其中，最高等级的A+档210个、A档156个、A-档344个。上海市高校学科入选情况总体良好，进入"A"级别档次的有91个，占总数的12.8%；其中，A+档26个、A档27个、A-档38个。若以最高等级的A+档学科入选数为序，则在全国排名前30名的高校中，上海市有5所入选。若以进入"A"级别档次（含A+、A和A-）入选数为序，则在全国排名前30名的高校中，上海市有4所高校入选。上海市高校63%的在建学科达到全国前50%的水平，20%的学科达到全国前10%，11%的学科跻身全国前5%，这是上海市学位和研究生教育改革成效的集中体现。

上海市高校63%的在建学科达到全国前50%的水平，20%的学科达到全国前10%，11%的学科跻身全国前5%

（2）"双一流"建设学科：2017年9月21日，教育部、财政部、国家发展改革委联合公布了世界一流大学和一流学科（简称"双一流"）建设高校及建设学科名单，上海市有4所高校进入一流大学建设高校行列、10所高校进入一流学科建设高校行列（除10所原"985""211"高校外，另有4所地方高校进入国家一流学科建设高校行列）。国家"双一流"建设学科共计 465 个（其中自定学科 44 个），上海高校"双一流"建设学科共有 57 个（其中自定学科 1 个），占全国的 12.3%。

上海市共有42个专业学位点参评，39个专业学位点入榜

（3）专业学位水平评估：2018 年 7 月 26 日，教育部学位与研究生教育发展中心公布了专业学位水平评估排名结果。上海市共有 15 个单位的 42 个专业学位点参评，39 个专业学位点进入榜单，整体表现优异。其中，A+ 档专业学位点 4 个，占全国的 22.2%，居全国第二名。分别为复旦大学、上海交通大学工商管理类别，华东师范大学教育类别、上海音乐学院的艺术类别（音乐领域）；A 类专业学位点 16 个，占全国的 16.3%，也居全国第二名。

（二）上海市研究生教育改革的主要举措

1. 实施一流研究生教育引领计划

多年来，上海市坚持把深化学位和研究生教育改革作为驱动高等教育内涵式发展的重要引擎，着眼培养一流人才、发展一流学科、建设一流大学。为深入贯彻党的十九大精神，全面落实立德树人根本任务，在新形势下继续深化研究生教育综合改革，提高研究生培养质量，更好地响应国家战略、上海市"五个中心"建设和"四大品牌"高质量发展要求，进一步突出研究生教育在国家"双一流"建设中的高端引领和战略支撑作用。2018 年，上海市教委按照"系统设计、问题导向、聚焦特色、分类发展"的发展思路，制定了《上海高等学校创新人才培养机制，发展一流研究生教育试行方案》，方案主要目标是构建一流的研究生培养机制、一流的学位点优化布局和建设机制、一流的国际合作交流机制、一流的教育质量监测机制、一流的资源配置保障机制，通过五个"一流机制"的持续构建和完善，发展与世界一流大学一流学科相匹配的一流研究生教育，使高校在二维分类中学科和人才培养特色更鲜明、优势更明显，为发展一流研究生教育提供有力支撑。

2. 推进专业学位研究生教育综合改革

2010 年起，教育部组织开展专业学位研究生教育综合改革试点工作，复旦大学、上海交通大学、同济大学、华东师范大学、上海外国语大学和上海海洋大学 6 所高校入围。为了加快上海市专业学位研究生教育发展，上海其他 15 所专业学位研究生培养单位分两批开展市级层面的改革试点。通过 3 年左右的改革试点，上海的专业学位研究生教育在课程建设、学位论文标准、案例教学、实习实践等方面取得了明显的突破，许多方面走在全国前列。2015 年，教育部启动了深化专业学位研究生教育综合改革试点工作，并批准北京大学等 12 所高校、上海市等 4 个省级单位，以及法律等 3 个全国专业学位研究生教育指导委员会开展试点工作。上海市以建设具有全球影响力的科技创新中心和实施上海教育综合改革方案为契机，围绕"培养规格行业化、知识能力复合化、实习实践制度化、导师队伍双师化、考核评价系统化、人才培养国际化"的专业学位人才培养"六化"模式，在专业学位人才培养模式改革、案例库建设和案例教学改革、专业学位研究生实践基地等方面取得显著成效，努力构建具有上海特点、高校特色、专业学位类别特征的专业学位研究生教育体系。

3. 推进博士研究生教育综合改革

博士研究生教育是国家培养高层次创新人才的主要途径，也是国家科研创新体系的重要组成部分。在高校加快推进中国特色世界一流大学建设进程中，博士研究生教育必须率先向世界一流水平靠拢。为推进我国博士研究生教育改革与发展，坚持立德树人，创新培养机制，教育部于 2017 年开展了博士研究生教育综合改革试点工作，并批准北京大学等 14 所高校开展试点工作。复旦大学和上海交通大学入围。同济大学、华东师范大学、华东政法大学等多所高校也自发进行了博士研究生教育综合改革。总体来说，上海的博士研究生教育改革取得了明显成效，在全国发挥了示范作用。例如，上海交通大学申报的"创新机制和举措，提高博士生培养质量"改革项目，获得了 2014 年高等教育国家级教学成果奖二等奖；中国人民解放军海军军医大学（原上海第二军医大学）申报的《医学免疫学研究生拔尖创新人才"思行"培养模式的探索与实践》获得 2014 年首届中国学位与研究生教育学会研究生教育成果奖特等奖。

4. 实施研究生创新创业能力培养计划

上海从 2006 年开展研究生教育创新计划，研究生暑期学校和研究生学术论坛是研究生教育创新计划的重要组成部分，是加强研究生创新能力培养、提高研究生素质的重要举措，已成为上海市研究生创新教育的一个知名品牌。上海市研究生教育创新计划的实施，为增进校际之间的交流和各校研究生之间的友谊架设起一座桥梁，为全市乃至全国其他地区研究生提供了一个高水平、大范围、多领域的学术交流平台。十多年来，上海市已经成功举办了200余期研究生暑期学校和400余期研究生学术论坛，惠及近8万名学子。仅2018年上海市资助27个研究生暑期学校和28个研究生学术论坛，对于活跃研究生的学术氛围，拓宽研究生的学术视野，启迪研究生的科学思维，激发研究生的创新热情等有着长远的影响。上海市高度重视创新创业教育。2013年市教委发起"上海市研究生创新创业培养计划"。在市教委指导和支持下，上海市大学生创业基金会已连续5年组织开展了5期上海市研究生创新创业能力培养计划。该计划旨在促进创新创业人才培养，培育创新创业文化土壤，激发创新创业潜能，推动高校创新成果与技术转化。上海市每年都面向高校研究生开展为期6个月的创新创业能力培训与创业实践，近年来也面向本科三年级以上在读生开放，扩大受众面，孵化培育更多创业好苗子。截至2018年，共计收到1240个项目申报，孵化培养了639个项目，587个项目成功结项，结项率为91.9%；孵化培养项目中有189个项目正式走上创业之路，创业转化率为29.6%；其中117个项目通过天使基金复审立项，更有100个项目获得天使基金资助，天使基金资助率达52.9%。此外，在这些项目实施中还涌现出一批创业明星。

孵化培养了639个项目，587个项目成功结项，结项率为91.9%

5. 率先在全国建立省级学位与研究生教育质量年度报告制度

上海市教育委员会、上海市学位委员会办公室于2014年发布《关于建立上海高校学位与研究生教育质量年度报告发布制度的通知》，在全国率先建立省级学位与研究生教育质量年度报告制度。组织编制和发布各高校质量年度报告，有利于推进研究生培养单位树立主体意识和社会责任意识，有利于主动开展研究生教育工作的自我检查与评估，有利于建立与完善质量管理常态化工作机制，逐步提升研究生教育管理规范化、科学化水平，不断提高研究生教育质量。研究生教育质量年度报告的发布形式按年度发布。上海市各研究生培养单位均制定本单位研究生教育质量年度报告,并于每年 10 月 31 日前将本单位上一学年度质量报告报上海市学位委员会办公室,并自行在各单位网站首页或信息公开栏对社会公布。上海市专业学位研究生教育指导委员会也制定本专业学位类别的研究生教育质量年度报告并向社会发布。上海市学位委员会办公室编制《上海研究生教育质量年度报告》,并以适当形式对社会公布。

三、2018年度研究生教育质量人物——中国农业大学康绍忠院士

2018 年 6 月,中国农业大学康绍忠院士团队完成的"创建"五链环"野外综合实训平台与"四融合"人才培养新模式的探索及其实践"项目获得第三届中国学位与研究生教育学会研究生教育成果奖特等奖。30 多年来,康绍忠院士长期带领科研团队从事旱区农业节水与水资源研究,发展了土壤—植物—大气连续体水分传输理论与作物耗水计算方法,提出了旱区主要作物的需水指标与灌溉制度,创建了基于作物生命需水信息的节水调质高效灌溉理论与新技术,开发了旱区主要粮食作物水肥一体化施用技术,建立了生态脆弱区流域尺度水资源合理配置理论与应用模式,为我国农业节水与绿色发展做出了杰出贡献。

(一)人物简介

康绍忠,1962 年 11 月生,湖南桃源人。农业水土工程学家(图 3-1)。1982 年原武汉水利电力学院农田水利工程专业本科毕业,获工学学士学位;1985 年和 1990 年原西北农业大学农业水土工程专业硕士与博士研究生毕业,分别获农学硕士和工学博士学位;1998 年 8—11 月在以色列农业研究组织(ARO)水土与环境科学研究所合作研究,1999 年 10 月至 2000 年 5 月在澳大利亚联邦科学与工业研究组织(CSIRO)水土研究所和维多利亚州持续灌溉农业研究所合作研究,1996 年 7—9 月、2002 年 1—3 月和 2003 年 1—3 月在香港浸会大

图3-1 康绍忠院士

学生物系合作研究。现任中国农业大学中国农业水问题研究中心主任，农业部作物高效用水武威科学观测实验站站长，水利与土木工程学院教授、博士生导师。兼任中国工程院农业学部常委会主任、中国农业节水和农村供水技术协会会长、国务院学位委员会农业工程学科评议组召集人、高等学校农业工程类专业教学指导委员会主任委员、中国国家灌排委员会副主席、中国农业工程学会副理事长。1993年获国务院政府特殊津贴，1994年获第四届中国青年科技奖，1996年入选首届国家"百千万人才工程"，1998年被评为全国教育系统劳动模范、全国模范教师、国家级有突出贡献的中青年专家。1994年首批入选中国科学院"百人计划"，1997年获国家杰出青年科学基金，2001年被评为教育部"长江学者"特聘教授，2006年入选教育部创新团队，2010年被英国兰卡斯特（Lancaster）大学授予荣誉科学博士学位，2011年当选中国工程院院士，2013年入选国家自然科学基金委员会优秀创新研究群体。[①]

（二）学术成就

康绍忠院士立足我国干旱地区，在土壤—植物—大气连续体水碳循环与能量平衡、作物需水量与节水调质高效灌溉理论及新技术、旱区主要作物水肥药一体化调控机理与综合技术模式、干旱内陆区农业节水抑盐机理与灌排协同调控、变化环境下干旱区流域尺度水资源转化与科学调控等领域取得了突出成就，研究成果发展了旱区土壤—植物—大气连续体水碳循环理论与作物耗水计算方法，提出了旱区主要作物的需水指标与灌溉制度，创建了基于生命需水信息的作物节水调质高效灌溉理论与技术体系，建立了河西走廊主要作物水肥药一体化调控综合技术模式，创立了旱区流域尺度面向生态的水资源合理配置与调控理论及应用模式。相关研究成果被编入美国著名大学土壤学教材 *The Nature and Properties of Soils*（第14版）和普通高等教育"十二五"国家级规划教材《植物生理学（第7版）》以及国际灌溉排水委员会（ICID）组织编写的介绍全世界最先进灌溉农业节水技术的 *Innovative Technologies and Management for Water Saving in Irrigated Agriculture*，并被国家发展改革委、科技部、水利部、建设部、农业部5部委联

---

① 康绍忠简介［EB/OL］.（2019-03-19）［2019-03-30］.https://water.cau.edu.cn/art/2011/11/11/art_2124_127954.html.

合颁发的《中国节水技术政策大纲》列为重点推广的农业节水技术，并获专利12项、计算机软件著作权3项。先后获国家科技进步一等奖1项、二等奖3项、国家自然科学二等奖1项、部省级科学技术一等奖7项、二等奖4项，主笔完成的战略咨询成果"关于京津冀一体化背景下地下水严重超采区发展适水农业的建议"获中央领导同志的重要批示。2006年获国际灌溉排水委员会（ICID）国际农业节水技术创新杰出成就奖（该年度全球唯一获奖者）。

主著和合著学术著作与教材16部，其中《西北旱区流域尺度水资源转化规律及其节水调控模式——以石羊河流域为例》《农业水土工程专论》《中国节水农业》《中国北方主要作物需水量与耗水管理》获国家科学技术学术著作出版基金资助，《海河流域农田水循环过程与农业高效用水机制》获国家出版基金资助，《土壤—植物—大气连续体水分传输理论及其应用》《西北地区农业节水与水资源持续利用》分别获1992年水利部首届优秀水利科技专著出版基金和1996年首届中华农业科教著作出版基金资助。《西北地区农业节水与水资源持续利用》获2001年度国家优秀科技著作三等奖，《西北旱区流域尺度水资源转化规律及其节水调控模式——以石羊河流域为例》2011年被国家新闻出版署评为全国"三个一百"原创性图书出版工程。先后在国内外期刊公开发表学术论文500余篇，其中《科学引文索引》（SCI）收录176篇、《工程索引》（EI）收录150篇，SCI引用5000余次，H指数（Web of Science）45；发表在 *Journal of Hydrology* 上的 *Analysis of impacts of climate variability and human activity on streamflow for a river basin in arid region of northwest China* 等5篇论文为ESI高被引论文和热点论文，发表在 *Agricultural Water Management* 上的 *Improving agricultural water productivity to ensure food security in China under changing environment：From research to practice* 一文被评为2018年度"中国百篇最具影响国际学术论文"；曾连续5年入选Elsevier"2014、2015、2016、2017、2018年中国高被引学者榜单"。

发起并成立中国农业工程学会农业水土工程专业委员会，并任第一届、第二届、第三届主任；创建旱区农业水土工程教育部重点实验室，发起并成立中国农业水问题研究中心，创建农业部作物高效用水武威科学观测实验站，领导建成了我国第一个农业水土工程国家重点学科，领导建设了"农业高效用水"学科创新引智基地；发起并成立全国农业高校水利土木类专业教材编审委员会并任主任；组织了 International Conference on Water-saving Agriculture and Sustainable Use of Water and Land Resources in Arid and Semiarid Areas，Improving Water Use Efficiency in Agriculture—from Molecular to Regional Scale，Water and Food Security under Changing Environments，Hydrological Processes in Agro-ecosystems and Sustainable Water Resources Management in Arid Land under Changing Environments，Responses and Adaptations of Plants and Ecosystems to Changing Environments，Agro-hydrological Model and Precision Water Management 以及中国农业工程学会农业水土工程专业委员会第一次至第八次学术年会和石羊河论坛等一系列国内外重要学术会议；作为 Guest Editor 主编了 *Journal of Experimental Botany* 节水农业专辑（2004 年第 55 卷 407 期，Oxford University Press，2018 年 IF=5.354）和 *Agricultural Water Management* 变化环境下农业水生产力提升专辑（2017 年第 179 卷，Elsevier，2018 年 IF=3.182）。主持全国农业工程一级学科博硕士学位授权点申请基本条件和核心课程指南编写；多次主持和参与全国农业水土工程学科发展战略报告编写，主持和参与国家自然科学基金委水利科学与海洋工程学科发展战略报告编写，多次参与国家相关部委的战略咨询研究，2004 年 8 月获国家中长期科技发展规划办公室颁发的"在制定国家中长期科技发展规划中做出重要贡献者"荣誉证书。

（三）研究生培养经验

驻守三尺讲台，浸润学子心田，源于康绍忠院士对教育事业的爱。在日常教学方面，他严于律己，在工作和生活中给学生树立了优秀榜样。在学风建设上更是严谨再严谨，对学生的每一篇论文稿件都会逐字逐句耐心修改，就连标点符号都要达到标准，有时候康绍忠院士批改的内容竟会比论文初稿内容还要多。多年来，康绍忠一直坚守在教学一线，为增强课程育人实效，激发同学们对水利类专业的兴趣。他积极参与本科教学改革，倾心打造出本科核心素质课"中国水问题与科学应对"，带领包括长江学者、杰出青年科学基金获得者、国家奖获得者等在内的名师教学团队，多次集体备课。自课程设想产生开始，大到课程体系搭建，小到图形表格引用，他始终和团队教师一起反复论证，精雕细琢。课程所展示的第一手数据与案例，都是他长期从事中国农业水问题研究的心血积累，课程开设后，选课人数不断攀升，许多非水利类专业的同学也慕名前来听讲。

心系"三农"并将科研成果写在大地上。在科学研究方面，康绍忠院士强调在培养研究生时，除了注重学生专业知识的培养，更注重学生科研精神与严谨治学态度的培养。在与西北农林科技大学学生的交流过程中，康绍忠院士就"做科学研究的几点体会"与师生进行分享交流，他认为科研工作者应具有家国情怀，将个人的命运与国家紧密联系起来；科研工作者要有艰苦奋斗的精神，不畏艰难、持之以恒地向着研究目标努力；同时要有国际视野，要向全世界最优秀的科研团队潜心学习，努力在科研领域上达到世界一流水平。[①]为培养出更多具有"懂农业、爱农村、爱农民"三农情怀的优秀人才，康绍忠院士从零起步，带头创建了中国农业大学石羊河实验站。

"要有梦想，要能坚持，要会包容，要懂感恩"是康绍忠院士对于中国农业大学2018级新生的期望，同样这是他对所有大学生、研究生的寄语。康绍忠院士说："作为一名老师，要求学生做到的，必须自己首先做到。"在他的带动下，团队老师和学生们也发生了巨大的变化：他们是农民，满脸灰尘、一身汗水地在荒漠地上摸爬滚打，风雨无阻，耕地、播种、栽培、收获，样样在行；他们是教育工作者、科技工作者，一次次从田间取样、测样，到实验室中分析测定、整理资料、思考创新、硕果累累；他们是公益践行者，组织"农民开放日"技术服务推广运动，成立"农民节水技术田间学校"，编写节水培训教材，指导农民学员制定实验计划，开展技术人员对农户、农户对农户的农业节水技术推广和培训（图3-2）。正是这样的言传身教和良苦用心换来了实实在在的回报，经他指导的博士研究生75人、硕士研究生75人、博士后和访问学者9人，已有39人成为教授（研究员、教授级高级工程师）和博士生

图3-2 康绍忠考察试验示范基地

---

① 吴乔，高奕，段晨骁．康绍忠院士来校作报告［EB/OL］．（2018-12-13）［2019-04-20］．http://yjshy.nwafu.edu.cn/yjsjygl/yxfc/409155.htm．

导师，21人成为副教授（副研究员、高级工程师）和硕士生导师。培养的研究生获全国百篇优秀博士学位论文奖2人、提名奖1人，获北京市等省市级优秀毕业生称号18人；先后为博士研究生、硕士研究生主讲"科研诚信与学术规范""科学研究方法""生态水文学""土壤水动力学""农业水文学"等课程，为本科生主讲"中国水问题与科学应对""农田水利学""土壤与水"等课程，指导本科毕业论文和URP100余人，获国家优秀教学成果奖二等奖2项、陕西省优秀教学成果奖特等奖1项、北京市优秀教学成果奖一等奖1项，中国学位与研究生教育学会研究生教育成果奖特等奖1项（当届唯一的特等奖）。①

"古之立大事者，不惟有超世之才，亦必有坚韧不拔之志"。农学专业条件差，实践内容多，研究耗时长，但是这些年来为了收集第一手实验数据，康绍忠院士长期深入田间地头，足迹遍及陕西省、甘肃省、内蒙古自治区、山西省等地，克服了无数的艰难困苦，他严谨治学、不畏艰险的科研精神影响了一届又一届的学生。尽管康绍忠院士在学术领域取得了瞩目成就，但在他所指导的学生心中，最引以为豪的还是他日常给予学生潜移默化的影响，跟着他学知识、学为人，谈理想、谈坚守、谈情怀，无论前方几多坎坷，也会毅然选择勇敢地面对困难挑战，平和地迎接机遇、看待荣誉。②

---

① 康绍忠：心系三农将科研成果写在大地上[EB/OL].(2018-09-17)[2019-04-20]. http://www.sohu.com/a/254270602_362042.

② 央视网"中国梦实践者"栏目报道康绍忠院士事迹.[EB/OL].(2018-09-18)[2019-04-20]. http://news.cau.edu.cn/art/2018/9/18/art_8769_586477.html.

第四章　省域研究生教育质量评价

研究生教育是我国国民教育的最高层次和国家创新体系的生力军，承担着高层次人才供给和科学技术创新的双重使命。在"双一流"建设的背景下，我国研究生教育进入了内涵式发展阶段，全面提升研究生教育质量，打造"中国特色、世界一流"的高质量研究生教育成为新时期的核心任务。本章将保持与前期质量报告的一贯风格，继续沿用多项客观、可比的评价指标，对各省域研究生的教育质量进行评价。

一、评价的指标体系、数据来源及分析方法

（一）指标体系的设计原则

本章所设计的省域研究生教育质量评价体系遵循了以下三项原则。

1. 稳定性和客观性原则

为找到各省份研究生教育变化趋势和发展规律，本章整体沿袭前几年的指标体系和计算方式，将重要性和认可度较高的指标保留，只对部分指标体系进行局部调整，便于应用此类指标开展历时性的纵向比较。除此之外，所有的指标均来源于国家相关政府统计、公开的连续出版物及相关机构的官方网站中的客观指标，保证了报告的真实性、有效性以及客观性。

2. 绝对指标和相对指标兼顾原则

研究生教育规模对研究生教育质量的影响巨大，因此，在评价研究生教育质量时必须同时兼顾绝对指标和相对指标，绝对指标包括获批的基金项目（如自然科学基金和社会科学基金等），相对指标包括了生均科学研究与试验发展（research and development，R&D）经费、研究生导师生师比等。

3. 主体性和层次性统筹原则

指标体系应尽量选择有代表性的综合指标和主要指标，兼顾完备性和简洁

性。因此，在评估研究生教育的社会贡献度和发展匹配度时，同时从科技、经济、人口三个方面展开，能够较为全面地体现研究生教育对社会的贡献程度和适应能力。并且，指标体系具有一定层次性，能够按照层级高低和作用大小不断细化。因此，在评估研究生教育的发展匹配度时，首先使用匹配状态指标评估省域研究生教育和科技、经济、人口的发展是否匹配，随后使用匹配层次指标进一步深化和解释匹配状态所处的层次及其原因。

（二）2018年指标体系的内容

在2017年指标体系的基础上，结合指标体系的稳定性、数据的可得性，确定2018年省域研究生教育质量评价的指标体系。指标体系见表4-1。

表4-1　省域研究生教育质量评价指标体系（2018年）

一级指标	二级指标	三级指标
条件支撑度	R&D经费支出	生均高等学校R&D经费支出
		生均高等学校基础研究R&D经费支出
	基金项目	自然科学基金立项数
		社会科学基金立项数
	导师规模	硕士研究生生师比
		博士研究生生师比
	国际交流合作	硕士及以上中外合作办学项目
社会贡献度	科技贡献	拥有科学研究经历的学术学位在学研究生比例
		R&D人员中有硕士和博士学位人数
	经济贡献	从事非科研工作的研究生比例
	人口贡献	具有研究生学历的就业人数占比
发展匹配度	科技发展	研究生教育与科技发展的匹配状态
		研究生教育与科技发展的匹配层次
	经济发展	研究生教育与经济发展的匹配状态
		研究生教育与经济发展的匹配层次
	人口发展	研究生教育与人口发展的匹配状态
		研究生教育与人口发展的匹配层次

（三）数据来源

各指标的原始数据均来源于国家发布的各类年鉴、发展报告或政府和具有公信力的第三方组织的官方网站。由于各指标数据更新的速度不同，部分指标最新数据更新至2019年，部分仅更新至2016年。为尽可能保障数据的时效性，本章选取在2019年4月7日前各指标公布的最新数据，见表4-2。

表4-2 省域研究生教育质量评价指标的数据来源

指　　标	数　据　来　源
R&D经费支出	（1）在学研究生数来源于《中国教育统计年鉴（2017）》
	（2）高等学校R&D经费内部支出（用于基础研究）数据来源于《中国科技统计年鉴（2018）》
基金项目	（1）自然科学基金立项数来源于国家自然科学基金委官方网站
	（2）社会科学基金立项数来源于全国哲学社会科学规划办公室官方网站
导师规模	生师比数据来源于《中国学位与研究生教育发展年度报告（2017）》
国际交流合作	硕士及以上中外合作办学项目数来源于中国教育部中外合作办学监管工作信息平台，检索时间为2019年3月29日
科技贡献	（1）人文社科领域参与科研项目的研究生数来源于《2016年全国高校社科统计资料汇编》；理工农医领域参与科研项目的研究生数来源于《2017年高等学校科技统计资料汇编》
	（2）R&D人员中具有硕士和博士学位的人数来源于《中国科技统计年鉴（2018）》
人口贡献	就业人口中具有研究生学历的人数数据来源于《中国人口与就业统计年鉴（2018）》
研究生教育	各省、自治区、直辖市硕士、博士人数来源于《2017中国学位与研究生教育发展年度报告》
科技匹配度	分地区技术市场成交额数据来源于《中国科技统计年鉴（2018）》
经济匹配度	各省、自治区、直辖市生产总值数据来源于《中国统计年鉴（2018）》
人口匹配度	各省、自治区、直辖市城镇人口数来源于《中国统计年鉴（2018）》

（四）数据处理方法

1. 数据标准化方法

由于各指标存在着单位不同、量纲不一的现象，需要将各指标转为标准化得分，从而加以比较。各类指标（包括逆指标和匹配度指标）均可转化为正指标后对其进行标准化，标准化方法如下：

$$y_i = 60 + 40 \times \frac{x_i - \min\{x_1, x_2, \cdots, x_n\}}{\max\{x_1, x_2, \cdots, x_n\} - \min\{x_1, x_2, \cdots, x_n\}}$$

2. 基于统计指数的因素分析法

在年度变化的对比分析中，各指标数值的变化往往受到多项因素的影响。例如，生均经费的变化往往受到在学研究生人数与经费总数两大因素的影响。设A_0、A_1分别代表基期和报告期的经费总数，Q_0、Q_1分别代表基期和报告期的在学研究生数的倒数，可得统计指数体系：

$$\frac{A_1 Q_1}{A_0 Q_0} = \frac{A_1 Q_1}{A_0 Q_1} \times \frac{A_0 Q_1}{A_0 Q_0}$$

式中，$\frac{A_1 Q_1}{A_0 Q_1}$为经费投入变化对生均经费变化所产生的影响；$\frac{A_0 Q_1}{A_0 Q_0}$为在学研究生数变化对生均经费变化所产生的影响。本章将在年度变化的对比分析中，分离出相关因素的影响。

二、省域研究生教育质量排名

本节将根据指标对各省研究生教育的条件支撑度、社会贡献度和发展匹配度进行排名。

（一）条件支撑度排名

条件支撑度排名主要依据各省科研经费、基金项目、导师规模等多个维度对各省研究生的培养条件进行排名，从而反映最新一年各省培养条件的现状。

1. 研究与试验发展（R&D）经费支出

生均高等学校 R&D 经费内部支出体现各省在研究生培养上的重视程度和经

济基础。该指标的计算方式是高等学校R&D经费内部支出除以在学研究生人数。

广东省以生均高等学校R&D经费11.46万元遥遥领先

从生均高等学校R&D经费来看，广东省以11.46万元遥遥领先于第二名天津市的8.90万元和第三名宁夏回族自治区的8.39万元。此外，省域生均经费在4.24万—6.45万元的涵盖福建省、广西壮族自治区、贵州省等15个省份，其中，包含北京市（4.57万元）、江苏省（4.98万元）以及上海市（5.54万元）等R&D经费总支出具有绝对优势的省市。同时，河北省、内蒙古自治区等12个省份的生均支出在1.67万—4.03万元，见表4-3。

表4-3　2018年省域生均高等学校R&D经费内部支出排名

省　份	高等学校R&D经费内部支出/万元	在学研究生数/人	生均高等学校R&D经费支出/万元	得分	排名
广东	1375323	119987	11.46	100.00	1
天津	641421	72037	8.90	89.56	2
宁夏	53036	6324	8.39	87.44	3
浙江	621870	89087	6.98	81.70	4
福建	366909	56927	6.45	79.51	5
广西	218933	34504	6.35	79.10	6
贵州	126834	22141	5.73	76.58	7
上海	1091950	196953	5.54	75.83	8
青海	24698	4813	5.13	74.14	9
江苏	1095841	220209	4.98	73.51	10
安徽	325563	65873	4.94	73.37	11
河南	257832	53687	4.80	72.80	12
重庆	340854	73485	4.64	72.13	13
山东	532082	115692	4.60	71.97	14
北京	1828063	400225	4.57	71.84	15

续表

省 份	高等学校R&D经费内部支出/万元	在学研究生数/人	生均高等学校R&D经费支出/万元	得分	排名
黑龙江	367298	81158	4.53	71.67	16
西藏	8136	1804	4.51	71.60	17
四川	558042	124446	4.48	71.50	18
辽宁	519637	122624	4.24	70.49	19
河北	210433	52220	4.03	69.64	20
湖北	678306	185362	3.66	68.13	21
江西	135412	40430	3.35	66.86	22
湖南	301101	99122	3.04	65.59	23
吉林	194558	72319	2.69	64.17	24
山西	100966	37870	2.67	64.07	25
陕西	376034	146780	2.56	63.64	26
云南	111637	44983	2.48	63.32	27
海南	18188	7818	2.33	62.68	28
甘肃	90286	39220	2.30	62.58	29
新疆	43625	24671	1.77	60.40	30
内蒙古	44745	26790	1.67	60.00	31

注：①生均高等学校R&D经费内部支出＝高等学校R&D经费内部支出/在学研究生数；②在学研究生数来源于《中国教育统计年鉴（2017）》，高等学校R&D经费内部支出数据来源于《中国科技统计年鉴（2018）》

宁夏回族自治区和广东省的生均高等学校基础研究R&D经费支出超出5万元

生均高等学校基础R&D经费支出体现了各省份对研究生开展原创性基础研究的支持力度。2018年，全国只有宁夏回族自治区和广东省的生均高等学校基础研究R&D经费支出超出5万元，分别是5.99万元和5.31万元，紧随其后的是广西壮族自治区、西藏自治区、天津市和浙江省，这4个省份的生均高等学校基础研究R&D经费支出为3万—4万元。除了湖北省、甘肃省和内蒙古自治区的生均高等学校基础研究R&D经费未达到1万元，其余省份生均高等学校基础研究R&D经费支出为2万—3万元。

其中，在生均高等学校基础研究R&D经费支出前十名中，宁夏回族自治区、西藏自治区、贵州省和青海省的高等教育基础研究R&D经费内部支出总量均未到达10亿元，但是由于在校研究生数量较少，生均高等学校基础研究R&D经费支出排在北京市、江苏省和上海市之前。

北京市（74.40亿元）、江苏省（50.84亿元）和上海市（50.63亿元）作为高等教育基础研究R&D经费内部支出总量排名在前五的省份。由于在校研究生人数众多，导致其生均高等学校基础研究R&D经费支出均未突破3万元，分别为1.86万元、2.31万元和2.57万元，见表4-4。

北京市、江苏省、上海市生均高等学校基础研究R&D经费支出均未突破3万元

表4-4 2018年省域生均高等学校基础研究R&D经费支出排名

省份	高等学校基础研究R&D经费内部支出／万元	在学研究生数／人	生均高等学校基础研究R&D经费支出／万元	得分	排名
宁夏	37876	6324	5.99	100.00	1
广东	636777	119987	5.31	94.97	2
广西	131686	34504	3.82	83.99	3
西藏	6402	1804	3.55	82.02	4
天津	240911	72037	3.34	80.51	5
浙江	274150	89087	3.08	78.54	6
贵州	61612	22141	2.78	76.37	7
安徽	180221	65873	2.74	76.03	8
青海	12957	4813	2.69	75.71	9
上海	506373	196953	2.57	74.81	10

续表

省 份	高等学校基础研究R&D经费内部支出／万元	在学研究生数／人	生均高等学校基础研究R&D经费支出／万元	得分	排名
江苏	508490	220209	2.31	72.88	11
黑龙江	175027	81158	2.16	71.76	12
山东	232232	115692	2.01	70.66	13
江西	77921	40430	1.93	70.07	14
北京	744035	400225	1.86	69.57	15
辽宁	201869	122624	1.65	68.00	16
山西	61301	37870	1.62	67.80	17
重庆	114335	73485	1.56	67.34	18
河北	75854	52220	1.45	66.58	19
云南	62982	44983	1.40	66.19	20
四川	170701	124446	1.37	65.98	21
吉林	97453	72319	1.35	65.80	22
河南	67470	53687	1.26	65.13	23
福建	71300	56927	1.25	65.10	24
海南	9679	7818	1.24	64.99	25
湖南	120979	99122	1.22	64.87	26
陕西	166746	146780	1.14	64.24	27
新疆	27626	24671	1.12	64.12	28
湖北	183564	185362	0.99	63.17	29
甘肃	37634	39220	0.96	62.94	30
内蒙古	14995	26790	0.56	60.00	31

注：①生均高等学校基础研究的R&D经费内部支出＝高等学校基础研究R&D经费内部支出／在学研究生数；②在学研究生数来源于《中国教育统计年鉴（2017）》，高等学校R&D经费内部支出（用于基础研究）数据来源于《中国科技统计年鉴（2018）》

2. 基金项目

本章分析的基金项目包含国家自然科学基金和国家社科基金的重大项目、重点项目以及面上项目。为了突出人文社科和自然科学的平等地位，总得分的计算方式是将自然科学和人文社科得分相加后取平均数。

北京市获得国家自然科学基金重大项目资助**59项**，重点项目资助**203项**；获得国家社会科学基金重大项目资助**72项**，重点项目资助**73项**

2018年，基金项目资助位列前三位的省份分别是北京市、上海市和江苏省。其中，北京市获得国家自然科学基金重大项目资助59项，重点项目资助203项；获得国家社会科学基金重大项目资助72项，重点项目资助73项，远远超过其他省份。由此可见，北京市基金项目资助情况相比其他省份具有突出优势。

2018年，北京、上海、江苏、广东、湖北和浙江6个省份的国家自然科学重大基金项目资助数超过10项；福建、天津、安徽等12个省份的重大项目数在10项以内；此外，辽宁、河南、江西等13个省份未获得国家自然科学重大项目基金，见表4-5。

表4-5　2018年省域基金项目获批经费排名

省份	国家自然科学基金					国家社会科学基金					总得分	排名
	重大/项	重点/项	面上/项	经费/万元	得分	重大/项	重点/项	面上/项	经费/万元	得分		
北京	59	203	3384	270639.10	100.00	72	73	377	15855	100.00	100.00	1
上海	28	106	2062	155490.57	82.96	46	22	196	8370	80.64	81.80	2
江苏	10	68	1984	137316.22	80.27	23	30	229	7470	78.31	79.29	3
广东	15	49	1621	111449.40	76.44	25	23	195	6705	76.33	76.39	4
湖北	20	43	1207	86221.93	72.71	20	27	159	5725	73.80	73.26	5
浙江	11	36	997	70232.80	70.35	17	22	179	5710	73.76	72.05	6
山东	3	14	811	52948.70	67.79	11	12	148	4260	70.01	68.90	7
湖南	2	16	667	44366.30	66.52	14	18	144	4630	70.97	68.74	8

续表

省份	国家自然科学基金 重大/项	重点/项	面上/项	经费/万元	得分	国家社会科学基金 重大/项	重点/项	面上/项	经费/万元	得分	总得分	排名
陕西	5	30	939	65586.00	69.66	15	10	81	3170	67.19	68.42	9
四川	3	11	698	44474.30	66.53	10	17	97	3335	67.62	67.08	10
辽宁	0	17	645	43092.78	66.33	10	5	88	2735	66.07	66.20	11
福建	9	13	443	31394.50	64.60	7	5	102	2775	66.17	65.38	12
重庆	1	15	398	27617.00	64.04	5	12	92	2660	65.87	64.96	13
吉林	3	13	354	25729.50	63.76	9	9	83	2695	65.96	64.86	14
天津	8	19	555	39797.40	65.84	2	5	75	1835	63.74	64.79	15
河南	0	2	285	16876.00	62.45	5	13	100	2855	66.38	64.41	16
安徽	6	11	510	34663.00	65.08	4	4	67	1800	63.65	64.36	17
黑龙江	2	15	489	33346.20	64.89	3	6	69	1830	63.72	64.31	18
云南	1	5	117	8553.50	61.22	5	6	84	2290	64.91	63.07	19
江西	0	2	77	5244.50	60.73	3	13	84	2375	65.13	62.93	20
甘肃	0	4	182	12177.50	61.76	7	2	49	1610	63.16	62.46	21
河北	0	2	165	10164.30	61.46	3	5	60	1615	63.17	62.31	22
广西	0	0	59	3538.00	60.48	5	3	62	1745	63.50	61.99	23
山西	0	2	147	9286.50	61.33	4	1	46	1275	62.29	61.81	24
贵州	0	3	46	3714.00	60.50	2	4	43	1160	61.99	61.25	25
内蒙古	0	0	20	1086.00	60.11	3	3	42	1185	62.06	61.09	26
海南	0	0	34	2004.00	60.25	3	1	21	695	60.79	60.52	27
青海	0	0	7	429.00	60.02	1	2	28	710	60.83	60.42	28
宁夏	0	0	6	314.00	60.00	2	1	23	655	60.69	60.34	29
西藏	1	0	4	564.00	60.04	0	2	23	530	60.36	60.20	30

续表

省份	国家自然科学基金					国家社会科学基金					总得分	排名
	重大/项	重点/项	面上/项	经费/万元	得分	重大/项	重点/项	面上/项	经费/万元	得分		
新疆	0	2	34	2619.00	60.34	1	2	12	390	60.00	60.17	31

注：①国家社会科学基金经费数据按照面上项目20万、重点项目35万以及重大项目80万总计得出；②总得分=（社科基金得分+自科基金得分）/2；③国家自然科学基金立项数来源于国家自然科学基金委官方网站，国家社会科学基金立项数来源于全国哲学社会科学规划办公室官方网站，检索时间为2019年3月15日。

3. 导师规模

生师比是衡量导师规模的重要指标。2018年，西藏自治区、宁夏回族自治区以及河南省分别位于全国31个省份研究生生师比的前三名。西藏自治区一位研究生导师所指导的学生人数平均在4人之内，宁夏回族自治区和河南省每位导师平均指导不超过5名学生。广西、河北、青海等15个省份的生师比集中在5.11到7.76。其中，北京市和广东省每位研究生导师平均指导6名学生。浙江、江苏、天津等13个省份的生师比达到7以上。其中，浙江省和江苏省的生师比分别是7.17和7.64，而湖北省和上海市平均每位研究生导师指导8.73名学生。其中，生师比最高的是陕西省，比例高达9.29，见表4-6。由此可见，研究生聚集的省域不一定有与之规模相匹配的师资规模，研究生稀少的省份师资反而相对较为充裕。

研究生稀少的省域师资反而相对较为充裕

表4-6 2018年各省份研究生生师比排名

省 份	博士生师比	硕士生师比	研究生生师比	得分	排名
西藏	1.88	3.60	3.69	100.00	1
宁夏	2.41	4.39	4.51	94.16	2
河南	2.10	4.63	4.61	93.41	3

续表

省　份	博士生师比	硕士生师比	研究生生师比	得分	排名
广西	1.53	4.96	5.11	89.84	4
河北	3.31	5.19	5.38	87.90	5
青海	2.32	5.44	5.45	87.42	6
山西	3.52	5.22	5.57	86.56	7
云南	3.35	5.28	5.59	86.40	8
贵州	3.97	5.42	5.61	86.30	9
新疆	2.23	5.52	5.68	85.75	10
山东	3.60	5.47	5.91	84.16	11
北京	3.88	5.04	6.03	83.30	12
广东	3.11	5.54	6.16	82.36	13
内蒙古	3.75	5.93	6.23	81.85	14
黑龙江	3.89	5.47	6.35	80.99	15
福建	3.33	6.06	6.59	79.28	16
安徽	5.47	5.85	6.62	79.11	17
甘肃	4.06	6.15	6.79	77.84	18
浙江	4.14	6.24	7.17	75.17	19
江苏	3.96	7.03	7.64	71.81	20
天津	3.68	6.70	7.67	71.60	21
吉林	5.97	7.86	7.67	71.60	22
辽宁	5.15	6.79	7.68	71.48	23
重庆	4.30	7.17	7.76	70.92	24
湖南	5.07	7.44	8.11	68.43	25
四川	4.79	7.57	8.26	67.38	26
海南	2.07	8.13	8.47	65.86	27
江西	2.89	8.62	8.61	64.83	28
湖北	4.60	7.96	8.73	64.02	29

续表

省　份	博士生师比	硕士生师比	研究生生师比	得分	排名
上海	4.22	8.00	8.73	64.02	30
陕西	4.58	8.61	9.29	60.00	31

注：①研究生导师可分为博士研究生导师（以下简称博士导师）、硕士研究生导师（以下简称硕士导师）和博士研究生硕士研究生导师（以下简称博士生硕士生导师）三种类型，博士导师仅指导博士研究生，硕士导师仅指导硕士研究生，博士生硕士生导师既指导博士研究生也指导硕士研究生；②在学研究生数为全口径，包括不同类型、不同形式和不同层次的研究生；③博士生师比＝在学博士研究生数／（博士生导师数＋博士生硕士生导师数）；硕士生师比＝在学硕士研究生数／（硕士生导师数＋博士生硕士生导师数）；研究生导师数＝硕士生导师数＋博士生导师数＋博士生硕士生导师数；研究生生师比＝在学研究生总数／研究生导师数；④数据来源于《中国学位与研究生教育发展年度报告（2017）》；⑤由于生师比不存在绝对 0 点，故标准化得分的方式略有不同，其公式为 $y_i=100-40\times(x_i-x_{min})/(x_{max}-x_{min})$。

4. 国际交流与合作

国际交流与合作是反映研究生教育支撑条件的重要因素，本报告基于各省份的硕士及以上中外合作办学项目数，考察各省份的国际交流与合作情况。

北京、上海和浙江的合作办学项目数为59个、40个、19个，排前三名

2019年，在合作办学项目数的排名中，北京市、上海市和浙江省位列前三名，分别为59个、40个、19个。甘肃省、广东省和天津市均拥有14个合作办学项目，并列第四，江苏省拥有12项位列第五。剩余省市的合作办学项目数均未超过10个。除此之外，广西、海南、河南、内蒙古、宁夏、青海、山西、西藏以及新疆共9个省份还没有获得教育部审核通过的硕士及以上中外合作办学项目，见表4-7。

表4-7　2019年省域硕士及以上中外合作办学项目数排名

省　份	合作办学项目数／个	得分	排名
北京	59	100.00	1
上海	40	87.12	2
浙江	19	72.88	3

续表

省　份	合作办学项目数/个	得分	排名
甘肃	14	69.49	4
广东	14	69.49	
天津	14	69.49	
江苏	12	68.14	7
江西	9	66.10	8
四川	8	65.42	9
湖北	7	64.75	10
山东	6	64.07	11
陕西	6	64.07	
黑龙江	5	63.39	13
辽宁	5	63.39	
重庆	5	63.39	
云南	3	62.03	16
安徽	2	61.36	17
河北	2	61.36	
福建	1	60.68	19
贵州	1	60.68	
湖南	1	60.68	
吉林	1	60.68	

数据来源：①中国教育部中外合作办学监管工作信息平台 http://www.crs.jsj.edu.cn//，检索时间为2019年3月29日；②广西、海南、河南、内蒙古、宁夏、青海、山西、西藏以及新疆的硕士及以上中外合作办学项目数为0，故未纳入表中

（二）社会贡献度排名

本节从科技贡献、经济贡献和人口贡献三个维度，评估研究生教育的社会贡献度。

1. 科技贡献

科技贡献度评估指标包括拥有科学研究经历的研究生人数比例、R&D 人员中具有硕士和博士学位的比例。

2017 年，人文社科类研究生科研参与率超过 20% 的只有浙江省（22.17%）和陕西省（20.16%）。科研参与率在 10%—20% 的有江苏、北京、甘肃、天津、河北等 11 个省份。上海、广东、湖北等 18 个省份科研参与率未超过 10%，其中上海市、广东市和湖北省的参与率分别为 8.45%、9.86% 和 7.57%。参与率排后三名的是广西壮族自治区、江西省和西藏自治区，仅为 1.72%、1.31% 和 1.27%。

理工农医类研究生科研参与率在 50% 以上的总共有 6 个省份，排名前三的省份分别是广东省（70.53%）、福建省（62.40%）和湖北省（59.89%）。参与率集中在 40%—50% 的是上海、江苏、山东等 11 个省份。参与率在 30%—40% 的有北京、新疆等 8 个省份。参与率最低的省份为宁夏回族自治区，仅为 17.73%。

理工农医类研究生的科研参与率普遍高于人文社科类研究生

此外，理工农医类研究生科研参与率均值 41.16，远大于人文社科类研究生科研参与率均值 9.79。由此可见，理工农医类研究生的科研参与率普遍高于人文社科类研究生的科研参与率。这是由于理工农医类属于自然科学，需要更多的学生参与开展科学实验。同时，北京市、上海市等研究生教育大省份由于学术学位在学研究生基数大，导致科研参与率比较低。而福建、甘肃、重庆、广西等省份由于学术学位在学研究生基数偏少，所以科研参与率反而高于北京市和上海市等省份，见表 4-8。

表4-8　2017年省域学术学位在学研究生拥有科研项目参与经历的比率的排名

省　份	参与科研的研究生数／人 人文社科	参与科研的研究生数／人 理工农医	学术学位在学学生数／人 人文社科	学术学位在学学生数／人 理工农医	在学研究生有科研项目参与经历的比率/% 人文社科	在学研究生有科研项目参与经历的比率/% 理工农医	得分	排名
天津	2319	12480	11738	21688	19.76	57.54	92.77	1
浙江	2624	14000	11838	29235	22.17	47.89	91.42	2

续表

省 份	参与科研的研究生数/人 人文社科	参与科研的研究生数/人 理工农医	学术学位在学学生数/人 人文社科	学术学位在学学生数/人 理工农医	在学研究生有科研项目参与经历的比率/% 人文社科	在学研究生有科研项目参与经历的比率/% 理工农医	得分	排名
陕西	3437	26193	17050	51451	20.16	50.91	90.64	3
广东	1858	25379	18851	35983	9.86	70.53	88.22	4
重庆	1996	9160	13358	18411	14.94	49.75	85.21	5
甘肃	1210	4792	6117	13006	19.78	36.84	84.95	6
江苏	4465	34363	26636	78053	16.76	44.03	84.79	7
云南	1247	4662	8308	10390	15.01	44.87	83.43	8
福建	693	9849	8926	15784	7.76	62.40	83.13	9
吉林	2092	10525	16560	21913	12.63	48.03	82.35	10
湖北	2363	29772	31203	49714	7.57	59.89	82.00	11
辽宁	2408	19294	19753	41186	12.19	46.85	81.48	12
北京	11092	52819	69353	150484	15.99	35.10	80.67	13
新疆	641	1952	4489	5783	14.28	33.75	78.52	14
河北	1337	3952	7618	16439	17.55	24.04	77.97	15
湖南	1570	10648	15057	27110	10.43	39.28	76.92	16
上海	2851	22999	33740	56429	8.45	40.76	75.59	17
广西	105	5733	6093	10018	1.72	57.23	75.39	18
山西	463	5171	6721	11865	6.89	43.58	75.17	19
山东	596	16096	15800	32816	3.77	49.05	74.26	20
河南	454	5550	7483	14533	6.07	38.19	72.34	21
四川	1267	14155	19475	38994	6.51	36.30	72.04	22
内蒙古	175	2497	4044	6207	4.33	40.23	71.45	23
贵州	78	2396	3075	5582	2.54	42.92	70.76	24
安徽	581	7045	7993	23105	7.27	30.49	70.57	25
黑龙江	221	12688	9986	33249	2.21	38.16	68.64	26

续表

省　份	参与科研的研究生数／人		学术学位在学学生数／人		在学研究生有科研项目参与经历的比率/%		得分	排名
	人文社科	理工农医	人文社科	理工农医	人文社科	理工农医		
海南	68	303	1086	1520	6.26	19.93	65.61	27
江西	92	2306	7031	8582	1.31	26.87	63.50	28
青海	37	155	920	787	4.02	19.70	63.38	29
宁夏	40	292	1007	1647	3.97	17.73	62.59	30
西藏	14	57	1103	247	1.27	23.08	62.02	31

注：①各学科在学研究生有科研项目参与经历的比率＝参与科研的研究生数/学术学位在学生数；②得分＝（人文社科标准化得分＋理工农医标准化得分）/2；③人文社科领域参与科研项目的研究生数来源于《2016年全国高校社科统计资料汇编》；理工农医领域参与科研项目的研究生数来源于《2017年高等学校科技统计资料汇编》

研究与试验发展（R&D）人员中具有研究生学历的人数，可进一步表明研究生教育对于社会的科技贡献度。

总体来看，2018年，北京、江苏和广东三省份有2万以上的R&D人员拥有博士学位。上海、浙江等7个省份有1万—2万名R&D人员拥有博士学位。而天津、重庆等21个省份拥有博士学位的R&D人员不足1万人。其中，海南省（835人）、宁夏回族自治区（828人）、西藏自治区（266人）和青海省（266人）排后三名。

2018年，在R&D人员中具有硕士学位的人数排名中，江苏省（27571人）、广东省（25638人）和北京市（24980人）排名前三。北京市、江苏省、广东省、浙江省和山东省2万名以上的R&D人员拥有硕士学位。此外，西藏自治区和青海省的R&D人员中拥有硕士学位的人数未突破1000人。

在R&D人员中具有研究生学历的综合人数北京、江苏、广东位列前三名

在R&D人员中具有硕士、博士研究生学历的综合人数排名中，北京市（61185）、江苏省（50625）和广东省（46159）位列前三名（表4-9）。

表4-9　2018年R&D人员中具有研究生学历的人数

省份	博士学位 人数／个	得分	排名	硕士学位 人数／个	得分	排名	硕士、博士学位 人数／个	得分	排名
北京	36295	100.00	1	24890	96.00	3	61185	100.00	1
江苏	23054	85.30	2	27571	100.00	1	50625	92.98	2
广东	20521	82.49	3	25638	97.12	2	46159	90.01	3
浙江	16783	78.34	5	23449	93.85	4	40232	86.07	4
山东	13786	75.01	7	20295	89.14	5	34081	81.98	5
上海	19679	81.55	4	13514	79.02	14	33193	81.39	6
四川	13142	74.30	8	19784	88.38	6	32926	81.21	7
辽宁	12021	73.05	9	16928	84.12	7	28949	78.56	8
湖南	11651	72.64	10	15822	82.47	9	27473	77.58	9
湖北	14141	75.40	6	12975	78.22	15	27116	77.34	10
吉林	9625	70.39	11	14108	79.91	11	23733	75.10	11
福建	8131	68.73	14	14140	79.96	10	22271	74.12	12
河北	5422	65.72	19	16697	83.77	8	22119	74.02	13
河南	6802	67.26	17	13827	79.49	12	20629	73.03	14
陕西	9078	69.78	12	11217	75.59	17	20295	72.81	15
安徽	7203	67.70	16	12428	77.40	16	19631	72.37	16
广西	5238	65.52	20	13515	79.02	13	18753	71.78	17
天津	8439	69.07	13	9207	72.60	20	17646	71.05	18
重庆	8043	68.63	15	9391	72.87	19	17434	70.91	19
黑龙江	6558	66.99	18	10694	74.81	18	17252	70.79	20
云南	4193	64.36	22	8564	71.64	21	12757	67.80	21
山西	4762	64.99	21	7178	69.57	23	11940	67.25	22
江西	3834	63.96	23	7398	69.90	22	11232	66.78	23
贵州	2080	62.01	25	5478	67.03	24	7558	64.34	24
甘肃	2370	62.34	24	4565	65.67	25	6935	63.92	25

续表

省 份	博士学位 人数/个	博士学位 得分	博士学位 排名	硕士学位 人数/个	硕士学位 得分	硕士学位 排名	硕士、博士学位 人数/个	硕士、博士学位 得分	硕士、博士学位 排名
新疆	1595	61.48	27	4461	65.51	26	6056	63.34	26
内蒙古	1700	61.59	26	3840	64.59	27	5540	63.00	27
海南	835	60.63	28	1744	61.46	28	2579	61.03	28
宁夏	828	60.62	29	1704	61.40	29	2532	61.00	29
西藏	266	60.00	30	775	60.01	30	1041	60.01	30
青海	266	60.00	30	767	60.00	31	1033	60.00	31

注：数据来源于《中国科技统计年鉴（2018）》

2．经济贡献

从事非科研工作的研究生占就业人口比例，能够反映研究生对劳动力市场的经济贡献度。从2018年就业人口中从事非科研工作的研究生比例排名中可以看出，北京市、上海市和天津市是从事非科研工作的研究生比例最高的3个直辖市，分别为6.51%、4.31%和1.66%（表4–10）。

北京市、上海市和天津市从事非科研工作的研究生比例最高

表4–10　2018年就业人口中从事非科研工作的研究生比例

省 份	比例/%	得 分	排 名
北京	6.51	100.00	1
上海	4.31	86.44	2
天津	1.66	70.11	3
湖北	0.71	64.25	4
浙江	0.62	63.70	5
江苏	0.56	63.33	6
山西	0.52	63.08	7
新疆	0.52	63.08	7

续表

省　份	比例/%	得分	排　名
重庆	0.47	62.77	9
辽宁	0.35	62.03	10
山东	0.32	61.85	11
内蒙古	0.30	61.73	12
陕西	0.30	61.73	12
吉林	0.28	61.60	14
福建	0.27	61.54	15
广东	0.27	61.54	15
黑龙江	0.18	60.99	17
宁夏	0.14	60.74	18
河南	0.12	60.62	19
湖南	0.12	60.62	19
西藏	0.11	60.55	21
云南	0.10	60.49	22
河北	0.09	60.43	23
广西	0.07	60.31	24
江西	0.06	60.25	25
贵州	0.04	60.12	26
海南	0.04	60.12	26
青海	0.04	60.12	26
甘肃	0.03	60.06	29
安徽	0.02	60.00	30
四川	0.02	60.00	30

注：①从事非科研工作研究生比例＝从事非科研工作研究生数／从事非科研工作劳动力数；从事非科研工作研究生数＝就业人口中研究生数－R&D人员中研究生人数；从事非科研工作劳动力数＝就业人口数－R&D人员；②就业人口中研究生数来源于《中国人口和就业统计年鉴（2018）》，R&D人员中研究生人数来源于《中国科技统计年鉴（2018）》

3. 人口贡献

人口贡献通过就业人口中具有研究生学历的人数所占比例衡量，该指标反映了省域研究生教育为提升域内就业人口素质所做的贡献。2018 年，北京市、上海市和天津市是就业人口学历较高的城市。这三地就业人口中具有研究生学历的人数占比分别是 7.2%、4.8% 和 2.3%。此外，湖北省（1.1%）和浙江省（1.0%）位列第四位和第五位，其他省份的就业人口中具有研究生学历的人数占比均低于 1%。其中，贵州省、西藏自治区和青海省的研究生学历人数排名垫底，均为 0.2%，见表 4-11。由此可见，北京市、上海市和天津市的劳动力人口研究生学历数，相对于国内其他城市，具有显著优势。

北京市、上海市和天津市的劳动力人口研究生学历数具有显著优势

表4-11　2018年就业人口中具有研究生学历的比例

省　份	就业人口中具有研究生学历的人数占比/%	得分	排名
北京	7.2	100.00	1
上海	4.8	86.29	2
天津	2.3	72.00	3
湖北	1.1	65.14	4
浙江	1.0	64.57	5
辽宁	0.9	64.00	6
江苏	0.9	64.00	6
重庆	0.9	64.00	6
山西	0.8	63.43	9
陕西	0.7	62.86	10
新疆	0.7	62.86	10
黑龙江	0.6	62.29	12
福建	0.6	62.29	12
山东	0.6	62.29	12
湖南	0.6	62.29	12

续表

省　份	就业人口中具有研究生学历的人数占比/%	得分	排名
河北	0.5	61.71	16
内蒙古	0.5	61.71	
吉林	0.5	61.71	
广东	0.5	61.71	
宁夏	0.5	61.71	
安徽	0.4	61.14	21
广西	0.4	61.14	
四川	0.4	61.14	
云南	0.4	61.14	
江西	0.3	60.57	25
河南	0.3	60.57	
海南	0.3	60.57	
甘肃	0.3	60.57	
贵州	0.2	60.00	29
西藏	0.2	60.00	
青海	0.2	60.00	

注：数据来源于《中国人口与就业统计年鉴（2018）》

（三）发展匹配度排名

发展匹配度用于衡量研究生教育相对于科技、经济和人口发展的匹配状态和匹配层次。其中，匹配状态使用研究生教育分别与科技、经济、人口发展之间排名差值的绝对值来衡量。如果省域研究生教育排名与科技、经济、人口发展排名保持高度一致，则认为该省域的研究生教育与科技、经济、人口发展高度匹配。匹配层次使用研究生教育排名分别与科技、经济、人口发展排名的均值度量。如果省域研究生教育排名与科技、经济、人口发展的平均排名在10名以前，则认为该省域科技、经济、人口发展属于高层次匹配，中层次和低层次匹配依此类推。

1. 科技匹配度

2018年，研究生教育与科技发展高度匹配的地区包括北京、广东、浙江、西藏等9个省份。其中，北京市和广东省是高层次高度匹配，浙江省是中层次高度匹配，其余6个省份均是低层次高度匹配。

研究生教育与科技发展中度匹配的地区包括江苏、安徽、湖南、山西、湖北、上海等11个省份。其中，江苏、湖北、上海、辽宁、天津7个省份是高层次中度匹配；安徽、湖南、山西、甘肃4个省份属于中层次中度匹配。

此外，吉林、内蒙古、新疆、江西、青海、陕西等11省份属于不同层次的低度匹配，见表4-12。

表4-12 2018年省域研究生教育与科技发展匹配度

省 份	技术市场成交额/万元	学术博士人数/人	排名差值绝对值	匹配状态得分	平均排名	匹配层次得分
北京	44868872	3616	0.00	100.00	1.00	100.00
广东	9370755	2356	0.00	100.00	3.00	97.33
浙江	3247310	1512	0.00	100.00	11.00	86.67
河北	889245	421	0.00	100.00	19.00	76.00
河南	768528	292	0.00	100.00	22.00	72.00
广西	394228	101	0.00	100.00	26.00	66.67
西藏	440	0	0.00	100.00	31.00	60.00
云南	847625	328	1.00	96.92	20.50	74.00
宁夏	66679	17	1.00	96.92	28.50	63.33
江苏	7784223	2325	2.00	93.85	5.00	94.67
安徽	2495697	988	2.00	93.85	13.00	84.00
湖南	2031915	1312	2.00	93.85	13.00	84.00
山西	941471	356	2.00	93.85	19.00	76.00
海南	41079	24	2.00	93.85	29.00	62.67
湖北	10330773	2133	3.00	90.77	3.50	96.67
上海	8106177	2974	3.00	90.77	3.50	96.67

续表

省　份	技术市场成交额/万元	学术博士人数／人	排名差值绝对值	匹配状态得分	平均排名	匹配层次得分
四川	4058307	1721	3.00	90.77	7.50	91.33
辽宁	3858317	1709	3.00	90.77	8.50	90.00
天津	5514411	1584	3.00	90.77	8.50	90.00
甘肃	1629587	535	3.00	90.77	16.50	79.33
吉林	2199199	1620	4.00	87.69	11.00	86.67
内蒙古	196087	172	4.00	87.69	25.00	68.00
新疆	57554	126	4.00	87.69	27.00	65.33
山东	5116448	1289	5.00	84.62	10.50	87.33
贵州	807409	47	6.00	81.54	24.00	69.33
青海	677186	9	6.00	81.54	27.00	65.33
福建	754634	865	7.00	78.46	19.50	75.33
江西	962096	143	7.00	78.46	20.50	74.00
黑龙江	1467121	1706	8.00	75.38	12.00	85.33
重庆	513581	978	10.00	69.23	20.00	74.67
陕西	9209395	787	13.00	60.00	10.50	87.33

注：①排名差值绝对值 =|技术市场成交额排名 – 学术学位博士生人数排名|，平均排名 =（技术市场成交额排名 + 学术学位博士生人数排名）/2。②匹配状态得分是将排名差值绝对值通过标准化得分的公式 $y_i=100-40×(x_i-x_{min})/(x_{max}-x_{min})$ 计算得出，匹配层次得分是将平均排名通过标准化得分公式计算得出。③各地区技术市场成交额来源于《中国统计年鉴（2018）》，各省份学术博士人数来源于《2017中国学位与研究生教育发展年度报告》

2. 经济发展匹配度

2018年，江苏、陕西、四川、重庆、湖南等10个省份的研究生教育与经济发展属于高度匹配。其中，江苏省和四川省是高层次高度匹配，云南省和重庆市属于中等层次高度匹配，剩余的6个省份是低层次高度匹配。湖南、广西、湖北、天津、山东、安徽等10个省份的研究生教育与经济发展是中度匹配状态。其中，湖南省、湖北省和山东省是高层次中度匹配，天津市、广西壮族自治区、安徽省、河北省是中层次中度匹配，剩余的 3 个省份均属于中层次低度匹配。辽宁、江西、福建、吉林、河南、黑龙江等省份的研究生教育与经济发展的匹配度相对较低，见表 4-13。

表4-13　2018年省域研究生教育与经济发展匹配度

省　份	地区生产总值/万元	硕士人数／人	排名差值绝对值	匹配状态得分	平均排名	匹配层次得分
江苏	85869.76	25130	0.00	100.00	2.00	100.00
云南	16376.34	5505	0.00	100.00	20.00	75.17
山西	15528.42	5221	0.00	100.00	23.00	71.03
新疆	10881.96	2929	0.00	100.00	26.00	66.90
青海	2624.83	524	0.00	100.00	30.00	61.38
西藏	1310.92	380	0.00	100.00	31.00	60.00
四川	36980.22	14540	1.00	96.67	6.50	93.79
重庆	19424.73	9193	1.00	96.67	16.50	80.00
海南	4462.54	623	1.00	96.67	28.50	63.45
宁夏	3443.56	809	1.00	96.67	28.50	63.45
湖南	33902.96	11026	2.00	93.33	10.00	88.97
广西	18523.26	5451	2.00	93.33	20.00	75.17
贵州	13540.83	2624	2.00	93.33	26.00	66.90
湖北	35478.09	19628	3.00	90.00	5.50	95.17
天津	18549.19	9665	4.00	86.67	16.00	80.69
内蒙古	16096.21	2988	4.00	86.67	23.00	71.03
山东	72634.15	14232	5.00	83.33	5.50	95.17
甘肃	7459.90	5337	5.00	83.33	24.50	68.97
安徽	27018.00	7202	6.00	80.00	15.00	82.07
河北	34016.32	9495	7.00	76.67	11.50	86.90
广东	89705.23	13884	8.00	73.33	5.00	95.86
上海	30632.99	20613	8.00	73.33	7.00	93.10

续表

省份	地区生产总值/万元	硕士人数／人	排名差值绝对值	匹配状态得分	平均排名	匹配层次得分
浙江	51768.26	10337	8.00	73.33	8.00	91.72
辽宁	23409.24	17029	8.00	73.33	10.00	88.97
江西	20006.31	5068	8.00	73.33	20.00	75.17
福建	32182.09	6601	9.00	70.00	14.50	82.76
陕西	21898.81	17486	10.00	66.67	10.00	88.97
吉林	14944.53	9984	11.00	63.33	18.50	77.24
北京	28014.94	47756	12.00	60.00	7.00	93.10
河南	44552.83	7952	12.00	60.00	11.00	87.59
黑龙江	15902.68	11313	12.00	60.00	16.00	80.69

注：①硕士人数＝学术学位硕士人数＋专业学位硕士人数，排名差值绝对值＝|地区生产总值排名－硕士生人数排名|，平均排名＝（地区生产总值排名＋硕士生人数排名）/2。②匹配状态得分是将排名差值绝对值通过标准化得分的公式 $y_i=100-40\times(x_i-x_{min})/(x_{max}-x_{min})$ 计算得出，匹配层次得分是将平均排名通过标准化得分公式计算得出。③各省份的地区生产总值来源于《中国统计年鉴（2018）》，各省市学术学位硕士及专业学位硕士人数来源于《2017中国学位与研究生教育发展年度报告》

3. 人口匹配度

2018年，研究生教育与人口发展高度匹配的地区包括青海、西藏、江苏、新疆、四川、湖南等10个省份，其中，江苏省、四川省及湖南省属于高层次高度匹配状态，其余省份属于中低层次的高度匹配。

江苏省、四川省及湖南省研究生教育与人口发展属于高层次高度匹配状态

湖北、辽宁、浙江、重庆、广东、山东、安徽等12个省份的研究生教育与人口发展是中度匹配。其中，湖北省、辽宁省、浙江省、广东省及山东省属于高层次中度匹配，黑龙江省、重庆省、安徽省、福建省、广西壮族自治区是中等层次中度匹配，其余2个省份为低层次中度匹配。广西省、河北省、吉林省、河南省等的研究生教育与人口发展是低匹配状态（表4-14）。

表4-14 2018年省域研究生教育与人口发展匹配度

省　份	城镇人口/万人	硕博人数	排名差值绝对值	匹配状态得分	平均排名	匹配层次得分
青海	317	804	0.00	100.00	30	61.40
西藏	104	570	0.00	100.00	31	60.00
江苏	5521	46171	1.00	98.00	2.5	100.00
新疆	1207	4685.5	1.00	98.00	26.5	66.32
海南	537	982.5	1.00	98.00	28.5	63.51
宁夏	395	1247.5	1.00	98.00	28.5	63.51
内蒙古	1568	4826	2.00	96.00	24	69.82
四川	4217	25560	3.00	94.00	6.5	94.39
湖南	3747	19725	3.00	94.00	9.5	90.18
山西	2123	8543.5	4.00	92.00	20	75.44
湖北	3500	37086	5.00	90.00	6.5	94.39
辽宁	2949	28977.5	5.00	90.00	8.5	91.58
浙江	3847	18729.5	5.00	90.00	9.5	90.18
黑龙江	2250	20381.5	5.00	90.00	12.5	85.96
重庆	1971	15761.5	5.00	90.00	17.5	78.95
云南	2241	8913.5	5.00	90.00	18.5	77.54
贵州	1648	4030	5.00	90.00	24.5	69.12
广东	7802	25860	6.00	88.00	4	97.89
甘肃	1218	9189.5	6.00	88.00	23	71.23
山东	6062	24520	7.00	86.00	5.5	95.79
安徽	3346	12839	7.00	86.00	13.5	84.56
福建	2534	11637.5	7.00	86.00	15.5	81.75
广西	2404	8406.5	9.00	82.00	18.5	77.54
河北	4136	15142.5	10.00	80.00	11	88.07

续表

省　份	城镇人口/万人	硕博人数	排名差值绝对值	匹配状态得分	平均排名	匹配层次得分
吉林	1539	18634	11.00	78.00	18.5	77.54
江西	2524	7936	11.00	78.00	18.5	77.54
天津	1291	17979.5	11.00	78.00	19.5	76.14
陕西	2178	31289	12.00	76.00	11	88.07
河南	4795	12630	14.00	72.00	11	88.07
上海	2121	40085.5	16.00	68.00	11	88.07
北京	1878	94074	20.00	60.00	11	88.07

注：①按照本科教学评估中硕士、博士人数的权重计算，硕博人数 =1.5 ×（学术学位硕士人数 + 专业学位硕士人数）+2 ×（学术学位博士人数 + 专业学位博士人数）。排名差值绝对值 =| 城镇人口排名 − 硕博人数排名 |，平均排名 =（城镇人口排名 + 硕博人数排名）/2。②匹配状态得分是将排名差值绝对值通过标准化得分的公式 $y_i=100-40 \times (x_i-x_{min}) / (x_{max}-x_{min})$ 计算得出，匹配层次得分是将平均排名通过标准化得分公式计算得出。③各省份城镇人口数来源于《中国人口和就业统计年鉴（2018）》，各省份硕士和博士人数来源于《2017中国学位与研究生教育发展年度报告》

三、省域研究生教育质量的年度变化

为了解各省研究生教育质量的年度变化，本节将从上节中选取有代表性的观测指标，对比后一年与前一年度各项指标的指标数值，深入分析年度变化趋势及影响因素。

生均高等教育R&D经费内部支出增幅较大的地区有西藏和宁夏

在生均高等教育 R&D 经费内部支出年度变化率排名中，首先，增幅较大的有西藏自治区和宁夏回族自治区（55.30%），两地增长率都超过了50%。其中，西藏自治区的年度变化率最高，主要归因于高等教育 R&D 经费内部支出的大幅增长。虽然西藏自治区的在学研究生数小幅增长，导致其生均高等教育 R&D 经费内部支出降低了 16.16%，但由于西藏自治区生均高等教育 R&D 经费内部支

出增长了129.51%，使生均R&D经费年度变化率高达97.81%。同时，广西壮族自治区（28.70%）和贵州省（17.39%）呈现较大幅度增长，河北省（5.22%）、山东省（2.20%）和福建省（1.50%）也有小幅增长。除此之外，江西、广东、吉林等24个省份的生均高等教育R&D经费内部支出呈下降趋势，见表4-15。

总的来说，当高等教育R&D经费内部支出增幅高于在学研究生规模增幅时，省份生均高等教育R&D经费出现增长，反之则导致生均高等教育R&D经费下降。

高等教育R&D经费内部支出增幅高于在学研究生规模增幅时，省份生均高等教育R&D经费出现增长，反之下降

表4-15 省域生均高等教育R&D经费内部支出变化（2016—2017年）

省 份	生均高等教育R&D经费内部支出/万元				各因素产生的增长率/%	
	2016年	2017年	年度变化率/%	排名	经费	在学研究生数
西藏	2.28	4.51	97.81	1	129.51	-16.16
宁夏	5.4	8.39	55.30	2	111.14	-36.00
广西	4.93	6.35	28.70	3	60.27	-24.50
贵州	4.88	5.73	17.39	4	57.96	-34.61
河北	3.83	4.03	5.22	5	32.34	-25.31
山东	4.5	4.60	2.20	6	44.13	-40.99
福建	6.35	6.45	1.50	7	35.11	-33.22
江西	3.4	3.35	-1.49	8	31.42	-33.24
广东	11.64	11.46	-1.53	9	27.25	-29.19
吉林	2.74	2.69	-1.81	10	18.59	-20.57
辽宁	4.34	4.24	-2.36	11	20.85	-23.76
河南	5.05	4.80	-4.90	12	29.12	-35.83
安徽	5.22	4.94	-5.32	13	20.47	-27.32
甘肃	2.48	2.30	-7.18	14	16.91	-25.71

续表

省 份	生均高等教育R&D经费内部支出/万元		年度变化率/%	排名	各因素产生的增长率/%	
	2016年	2017年			经费	在学研究生数
湖北	3.99	3.66	−8.29	15	40.97	−53.82
重庆	5.09	4.64	−8.87	16	28.45	−40.89
北京	5.05	4.57	−9.55	17	13.94	−26.01
四川	5.18	4.48	−13.43	18	16.68	−34.65
青海	5.96	5.13	−13.90	19	18.12	−37.20
浙江	8.13	6.98	−14.14	20	13.79	−32.51
上海	6.46	5.54	−14.18	21	16.65	−35.84
湖南	3.73	3.04	−18.56	22	13.98	−40.08
江苏	6.19	4.98	−19.61	23	9.58	−36.33
山西	3.33	2.67	−19.94	24	3.60	−29.25
内蒙古	2.09	1.67	−20.09	25	15.78	−44.65
陕西	3.33	2.56	−23.07	26	7.35	−38.90
天津	11.7	8.90	−23.90	27	0.66	−32.20
新疆	2.4	1.77	−26.32	28	−5.48	−28.40
云南	3.56	2.48	−30.29	29	−5.16	−36.14
黑龙江	7.06	4.53	−35.90	30	−18.27	−27.57
海南	3.72	2.33	−37.46	31	−0.65	−58.87

西藏的经费年度增幅最大，为754.55%

从国家自然科学基金总经费的年度变化排名看，2018年全国总共有18个省份的自然科学基金总经费呈上升趋势。其中，西藏自治区的经费年度增幅最大，增幅高达754.55%；天津（22.76%）、贵州（21.21%）、海南（19.93%）、广西（17.62%）、浙江（14.87%）和湖南（11.67%）6个省份的增幅超过10%；广东、黑龙江等11个省份的国家自然科学基金总经费呈现小幅度增长。上海、山东、北京等13个省份的国家自然科学基金总经费有所降低。其中，福建的降幅最大，为72.80%，见表4-16。

表4-16 省域国家自然科学基金总经费的年度变化（2017—2018年）

省　份	2017经费总数/万元	2018经费总数/万元	年度变化率／%	排名
西藏	66.00	564.00	754.55	1
天津	32418.00	39797.40	22.76	2
贵州	3064.00	3714.00	21.21	3
海南	1671.00	2004.00	19.93	4
广西	3008.00	3538.00	17.62	5
浙江	61140.90	70232.80	14.87	6
湖南	39730.90	44366.30	11.67	7
广东	103287.40	111449.40	7.90	8
黑龙江	31139.00	33346.20	7.09	9
山西	8771.00	9286.50	5.88	10
河南	16174.00	16876.00	4.34	11
重庆	26674.00	27617.00	3.54	12
河北	9924.99	10164.30	2.41	13
新疆	2579.00	2619.00	1.55	14
安徽	34170.90	34663.00	1.44	15
湖北	85076.20	86221.93	1.35	16
辽宁	42794.72	43092.78	0.70	17
江苏	136660.46	137316.22	0.48	18
上海	155718.17	155490.57	−0.15	19
山东	53562.00	52948.70	−1.15	20
北京	276734.34	270639.10	−2.20	21
陕西	67321.03	65586.00	−2.58	22
四川	46100.80	44474.30	−3.53	23
吉林	27186.36	25729.50	−5.36	24
宁夏	342.00	314.00	−8.19	25
江西	5829.00	5244.50	−10.03	26
内蒙古	1230.00	1086.00	−11.71	27

续表

省　份	2017经费总数/万元	2018经费总数/万元	年度变化率/%	排名
云南	9784.00	8553.50	−12.58	28
甘肃	15246.00	12177.50	−20.13	29
青海	625.00	429.00	−31.36	30
福建	115432.00	31394.50	−72.80	31

海南的国家社会科学基金总经费年度增幅最大，高达71.60%

根据国家社会科学基金总经费的年度变化排名，2018年全国总共有25个省份的社会科学基金总经费呈上升趋势。其中，海南省的经费年度增幅最大，增幅高达71.60%；福建(55.90%)、吉林(48.90%)、黑龙江(46.40%)和广西(45.42%)6省份的经费增长幅度均超过40%。此外，江苏、湖南、河南等6个省份的国家社会科学基金总经费与前一年相比呈下滑趋势。其中，下降幅度最大的是新疆自治区，降幅为67.77%（表4-17）。

表4-17　省域国家社会科学基金总经费的年度变化（2017—2018年）

省　份	2017经费总数/万元	2018经费总数/万元	年度增长率/%	排名
海南	405	695	71.60	1
福建	1780	2775	55.90	2
吉林	1810	2695	48.90	3
黑龙江	1250	1830	46.40	4
广西	1200	1745	45.42	5
甘肃	1220	1610	31.97	6
西藏	405	530	30.86	7
宁夏	510	655	28.43	8
广东	5390	6705	24.40	9
北京	13485	15855	17.58	10
辽宁	2345	2735	16.63	11

续表

省　份	2017经费总数/万元	2018经费总数/万元	年度增长率/%	排名
青海	610	710	16.39	12
湖北	4920	5725	16.36	13
河北	1395	1615	15.77	14
重庆	2310	2660	15.15	15
江西	2065	2375	15.01	16
山西	1135	1275	12.33	17
内蒙古	1055	1185	12.32	18
山东	3835	4260	11.08	19
陕西	2870	3170	10.45	20
浙江	5205	5710	9.70	21
安徽	1680	1800	7.14	22
上海	8000	8370	4.63	23
贵州	1125	1160	3.11	24
云南	2265	2290	1.10	25
江苏	7625	7470	−2.03	26
湖南	4770	4630	−2.94	27
河南	3150	2855	−9.37	28
天津	2040	1835	−10.05	29
四川	4055	3335	−17.76	30
新疆	1210	390	−67.77	31

四、研究结论

从条件支撑度、社会贡献度和发展匹配度三个维度，对2018年全国31个省份研究生教育质量进行分类，以更加清晰地呈现各省份研究生教育的状况，便于各省份及时发现自身在研究生教育中存在的问题，及时改进不足，持续提高质量。

（一）条件支撑度

条件支撑度整体较好的省份包括北京、上海、广东、江苏和浙江 5 个省份。这些省份除了研究生生师比偏高外，其他指标表现较为突出，特别在基金项目获批经费和硕士及以上中外合作办学项目方面表现优异。

条件支撑度整体较好的省份有北京、上海、广东、江苏和浙江 5个省份

大部分省份只在少数指标上表现较好，支撑条件度整体表现平平，包括云南、河北、安徽、黑龙江、山东、贵州、福建、天津、辽宁等 17 个省份。例如，安徽省、福建省除了生均基础研究经费支出较高，其他指标均排名居中。湖北省虽然基金项目获批较多，但其他指标表现一般。

广西、青海、西藏、宁夏 4 省份的师资条件虽然相对较好，例如研究生生师比偏低、生均经费支出偏高。但是，这些省份的研究生教育平台缺乏竞争力，特别是基金项目获批较少、没有硕士及以上中外合作办学项目。

条件支撑度整体较差的有山西、新疆、内蒙古、河南、海南5个省份

条件支撑度整体较差的省市包括山西、新疆、内蒙古、河南、海南 5 个省份。这些省份除了研究生生师比较低之外，其他指标均表现较差，大部分指标排名在 20 名以外。

（二）社会贡献度

北京、上海、江苏、广东、浙江5个省份的社会贡献度较高

北京、上海、江苏、广东、浙江，这 5 个经济发达省份的社会贡献度较高。特别是北京市和上海市在从事非科研工作的研究生比例、具有研究生学历的就业人数占比方面具有绝对优势，而广东省、江苏省、浙江省在 R&D 人员中具有研究生学历的人数、在学研究生科研参与率方面表现突出。重庆、陕西、天津、吉林、辽宁、湖北 6 省份的社会贡献度整体表现不凡，各项指标排名大多在 10 名前后。此外，云南、甘肃、四川、山东、福建、广西、河北等 15 个省份的社会贡献度整体表现一般，特别是就业人口中具有研究生学历的比例普遍偏低。西藏、青海、宁夏、海南、江西 5 个省份的社会贡献度整体偏差，大部分指标排名在 25 名之后。

（三）发展匹配度

上海、北京、浙江、辽宁、山东、湖南、四川、湖北、江苏、广东等省份具有较高的匹配层次，但是匹配状态不尽相同。这些省份的研究生教育与科技、经济和人口发展的平均排名大多在 10 名以前，但是匹配状态整体偏低。除了江苏、四川的发展匹配度整体较好，在经济和人口发展方面均属于高层次高度匹配之外，其他的发展匹配度大多呈现高层次的中、低度匹配现象。例如，北京市和上海市的研究生教育均排名前三，显著优于科技、经济和人口发展；而山东、浙江、湖南、广东 4 省份的研究生教育发展普遍落后于这些省市的科技、经济、人口发展状况，从而导致上述省份的发展匹配度不够理想。

江苏省和四川省在经济和人口发展方面属于**高层次高度匹配**

河北、河南、江西、福建、重庆、吉林、天津、安徽、黑龙江、陕西等省份呈现出中等层次的低度匹配状态。这些省市的研究生教育与科技、经济、人口发展之间的排名相差近 10 个名次。特别是河北、河南、江西、福建、安徽 5 省份的研究生教育远远滞后于这些省份的科技、经济、人口发展状况。与之相反的是，重庆、黑龙江、天津、吉林、陕西 5 省份的研究生教育整体优先于科技、经济、人口发展。但是，天津市和陕西省的研究生教育滞后于科技发展。

此外，部分省份属于低层次的高度匹配状态，包括宁夏、海南、新疆、青海、西藏、内蒙古、贵州、云南、山西、甘肃、广西 11 省份。特别是，宁夏、海南、新疆、青海、西藏 5 省份的研究生教育和科技、经济、人口发展排名同时位于 26 名以后。虽然内蒙古、贵州、云南、山西、甘肃、广西 6 省份的科技、经济、人口发展不够理想，但是整体优于研究生教育发展水平。

第五章 研究生满意度调查

研究生是研究生教育的主要参与主体,研究生满意度是反映、监测和评估研究生教育质量的一个重要维度与指标。开展研究生满意度调查、分析和研究,对于提高研究生教育质量,推动研究生教育内涵式发展具有重要意义。自 2012 年起,学位与研究生教育杂志社、北京理工大学研究生教育研究中心连续组织开展年度全国研究生满意度调查研究,并且不断改进调查设计,扩大调查样本,丰富调查方法,提高研究生满意度调查研究的客观性和科学性。连续几年的研究生满意度调查取得了重要发现和成果,受到了教育主管部门、研究生培养单位和社会各界的重视,发挥了咨询作用。2019 年的调查研究情况如下。

一、调查目的与方法

(一)调查目的

本调查的主要目的有 3 个:①了解研究生对研究生教育总体上的满意度及其年度变化情况,对我国研究生教育的整体质量作出评价;②获得研究生对研究生教育各个环节、各个方面的评价,发现研究生教育中存在的问题;③探究不同群体研究生对研究生教育的评价的差别并揭示其意义。

(二)调查方法

2019 年研究生满意度调查问卷包含 40 道封闭式选择题。除基本信息及个别具体问题外,各满意度问卷调查问题采用李克特五级量表,将研究生的满意度评价分为"非常满意、比较满意、一般、不太满意、非常不满意"五个级别。

经测算,问卷内部一致性信度良好;结构方程模型显示,模型的拟合度各项指标良好,表明该问卷具有较好的结构效度。

本次满意度调查向参与满意度调查的研究生培养单位发放电子版调查问卷。问卷分定制版和通用版两种形式,定制版为每个培养单位生成唯一的二维码,通用版则向所有研究生培养单位开放。电子版问卷可以通过邮件、微信、QQ等多种方式进行发放和填写。

二、调查样本的基本情况

本次满意度调查对象来自118个研究生培养单位，其中一流大学建设高校32所，一流学科建设高校38所，其他高校48所。本次调查采用电子问卷的调查形式，共回收问卷85010份，有效问卷82458份，问卷有效率96.9%。其中，一流大学建设高校问卷29653份，占36.0%；一流学科建设高校30367份，占36.8%；其他高校22438份，占27.2%，见图5-1。

调查对象按性别分，男生37271人，占45.2%；女生45187人，占54.8%。按培养层次分，硕士研究生72769人，占88.2%；博士研究生9689人，占11.8%；硕士研究生中，一年级31446人，二年级24588人，三年级16208人，四年级及以上527人；博士研究生中，一年级3424人，二年级2372人，三年级2042人，四年级及以上1851人。按不同学习方式分，全日制研究生78254人，非全日制4204人。按培养类型分，学术学位研究生51293人，占62.2%。学术学位研究生按科分类情况见表5-1。专业学位研究生31165人，占37.8%。

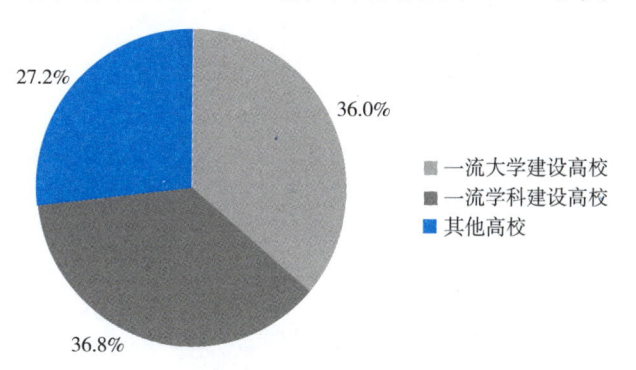

图5-1 不同类型培养单位调查样本分布

表5-1 学术学位研究生按学科分类情况

学科门类	人数/人	比例/%
工 学	19101	37.2
理 学	9518	18.6
管理学	3937	7.7
法 学	3523	6.8

续表

学科门类	人数/人	比例/%
医　学	3388	6.6
教育学	3265	6.3
文　学	2787	5.4
经济学	1541	3.0
农　学	1315	2.6
历史学	1004	2.0
艺术学	970	1.9
哲　学	918	1.8
军事学	26	0.1
合　计	51293	100

2019年较2018年有效样本数量增加了19292份

较2018年的满意度调查，本次调查有效样本数量增加了19292份，调查对象来自全国118个培养单位，参与调查的年级分布结构更加优化，这进一步保证了本次调查的代表性与科学性；本次满意度调查的数据呈现继续保持了均值、中位数、标准差3个统计量，以便各参与调查的研究生培养单位能够更好地分析运用本校的调查数据。

三、满意度调查结果[①]

（一）研究生总体满意度

研究生教育的总体满意度为73.7%

研究生对研究生教育的总体满意度为73.7%（表5-2）。其中，研究生对课程

[①] 总体满意度为研究生对研究生教育总体及课程教学、科研训练、导师指导、管理与服务四个维度非常满意与比较满意的比例之和。满意度为研究生对所评价项目非常满意与比较满意的比例之和。

教学的满意度为69.9%，对科研训练的满意度为70.2%，对指导教师的满意度为85.0%，对管理与服务的满意度为72.1%。

表5-2　2019年研究生总体满意度

选　　项	比例/%	满意度/%	均　　值	中位数	标准差
非常满意	32.8				
比较满意	40.9				
一　般	20.9	73.7	4.00	4	0.91
不太满意	4.0				
非常不满意	1.4				

男生总体满意度为73.7%，女生为73.6%

1. 不同性别群体相比，男生对研究生教育的总体满意度为73.7%，女生对研究生教育的总体满意度为73.6%（图5-2）。

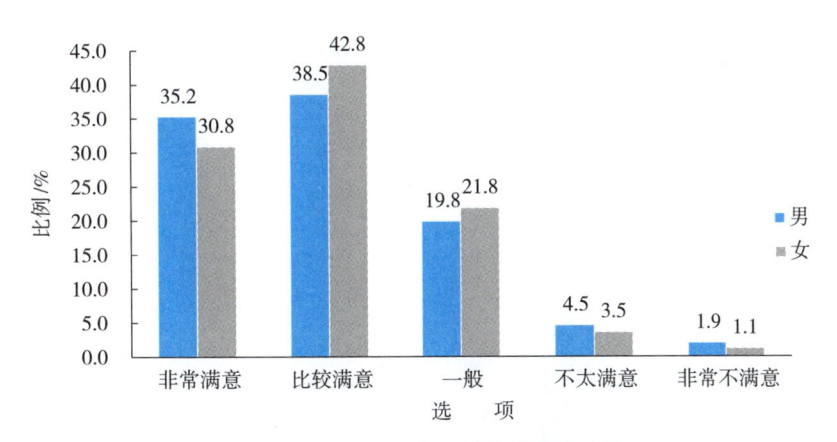

图5-2　不同性别研究生总体满意度比较

一流学科建设高校研究生满意度最高75.6%

2. 在各类培养单位中，一流学科建设高校研究生对研究生教育的满意度最高，满意度达到了75.6%，其次是一流大学建设高校满意度（73.3%），其他高校最低，满意度为71.6%。

3. 在各学科门类学术学位研究生中，哲学研究生的总体满意度最高，满意度达到80.8%；除哲学外，其他学科门类中研究生总体满意度由高到低分别为艺术学（79.7%）、文学（78.5%）、法学（77.5%）、历史学（77.3%）、农学（75.1%）、理学（73.3%）、工学（73.3%）、经济学（70.4%）、管理学（69.6%）、教育学（68.4%）、医学（67.8%）、军事学（61.5%）（图5-3）。

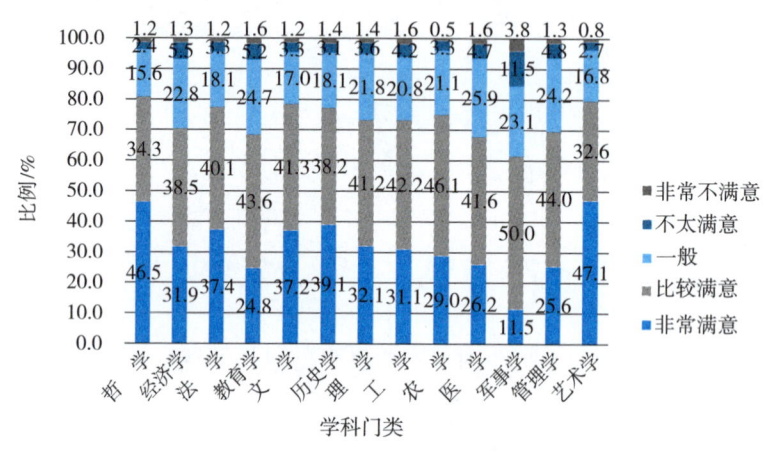

图5-3 各学科门类研究生总体满意度

4. 博士生的总体满意度高于硕士生。博士生的总体满意度为75.8%，硕士研究生的总体满意度为73.4%（图5-4）。

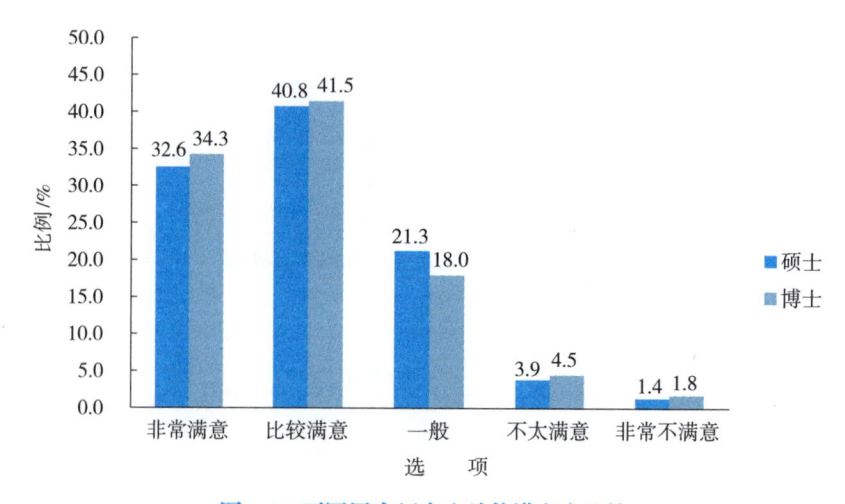

图5-4 不同层次研究生总体满意度比较

5. 非全日制研究生的总体满意度高于全日制研究生。非全日制研究生的总体满意度达到81.9%，全日制研究生总体满意度为73.2%，见图5-5。

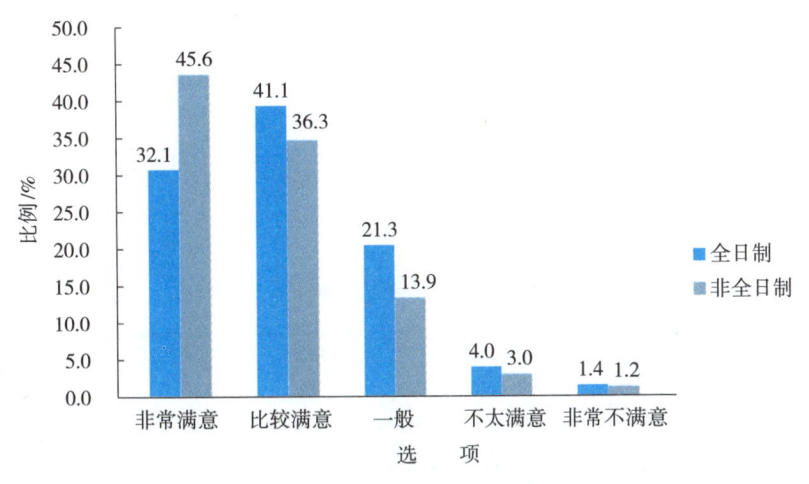

图5-5　不同学习方式研究生总体满意度比较

6. 不同年级研究生相比，博士一年级研究生对研究生教育总体满意度最高，满意度为79.9%，其次为硕士一年级研究生（75.6%）、硕士三年级（74.4%）、博士三年级（74.4%）、博士二年级（73.4%）、博士四年级（72.8%），硕士二年级对研究生教育的总体满意度最低，满意度仅为69.8%，见图5-6。

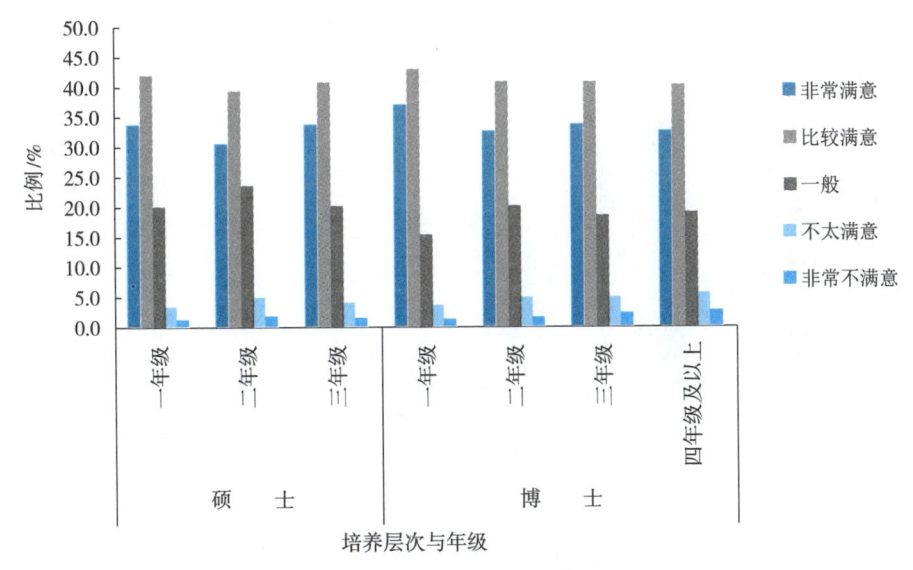

图5-6　不同年级研究生总体满意度比较

（二）课程教学满意度

课程教学的满意度为 69.9%

研究生对课程教学的满意度为 69.9%，比总体满意度低 3.8 百分点（表5-3）。

表5-3 研究生对课程教学的满意度

选项	比例/%	满意度/%	均值	中位数	标准差
非常满意	31.4				
比较满意	38.5				
一般	23.1	69.9	3.93	4	0.95
不太满意	5.4				
非常不满意	1.6				

1. 在各类培养单位中，一流学科建设高校研究生对课程教学的满意度最高，满意度达到了 72.3%，其他高校研究生满意度为 69.0%，一流大学建设高校满意度为 68.1%（图5-7）。

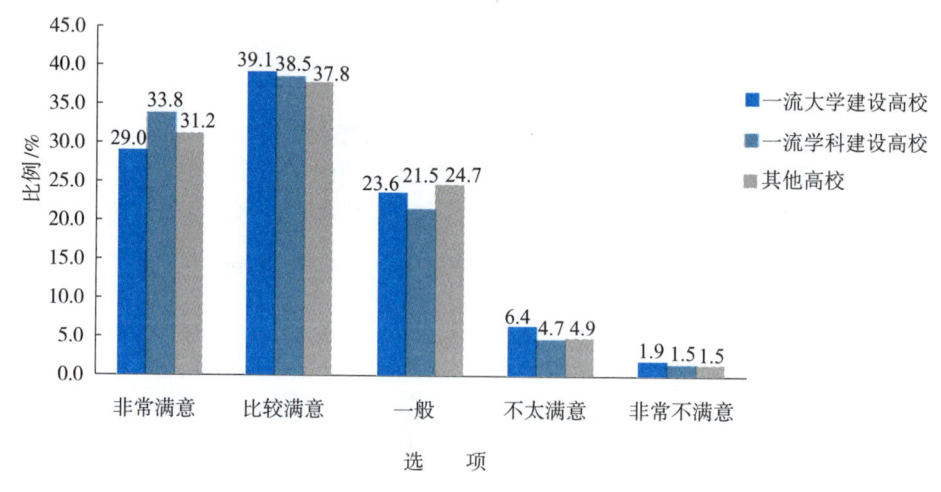

图5-7 不同培养单位研究生对课程教学的满意度比较

2. 研究生对课程体系合理性的评价较低，满意度只有 67.6%，低于对课程教学的总体评价（表 5-4）。

课程体系合理性的满意度只有**67.6%**

表5-4　研究生对课程体系合理性的评价

选　项	比例/%	满意度/%	均　值	中位数	标准差
非常满意	30.2				
比较满意	37.4				
一　般	24.2	67.6	3.88	4	0.97
不太满意	6.2				
非常不满意	1.9				

对**课程前沿性**满意度为**68.5%**

3. 研究生对课程前沿性的评价也低于对课程教学的总体评价，满意度为 68.5%（表 5-5）。

表5-5　研究生对课程前沿性的评价

选　项	比例/%	满意度/%	均　值	中位数	标准差
非常满意	31.5				
比较满意	37.0				
一　般	23.8	68.5	3.91	4	0.97
不太满意	6.0				
非常不满意	1.8				

4. 研究生对教师教学水平的评价较高，对教师教学方法的评价相对较低，有 79.5% 的研究生对教师的教学水平表示满意，72.6% 的研究生对教师的教学方法表示满意，两者均高于研究生对课程教学的总体满意度（表 5-6）。

表5-6 研究生对教学方法和教学水平的评价

类别	非常满意/%	比较满意/%	一般/%	不太满意/%	非常不满意/%	满意度/%	均值	中位数	标准差
教学方法	34.1	38.5	21.4	4.5	1.5	72.6	3.99	4	0.93
教学水平	38.9	40.6	16.5	2.9	1.2	79.4	4.13	4	0.87

5. 对于课程教学的效果,研究生的评价对了解学科前沿与学习科研方法满意度较高,选择"很大"和"较大"的比例为72.2%、72.0%;研究生对课程夯实知识基础的满意度为68.5%;但对课程增加学习兴趣、提高创新能力、提升实践能力三方面的满意度相较前几方面较低,分别为64.1%、63.3%、64.9%,见表5-7。

表5-7 研究生对课程教学作用的评价

项目	很大/%	较大/%	一般/%	较小/%	很小/%	满意度/%	均值	中位数	标准差
夯实基础知识	33.8	34.7	24.1	5.2	2.2	68.4	3.93	4	0.99
增加学习兴趣	31.5	32.6	26.8	6.3	2.7	64.2	3.84	4	1.03
了解学科前沿	37.4	34.8	21.1	4.7	2.1	72.2	4.01	4	0.98
学习科研方法	37.5	34.5	21.0	5.0	2.1	71.9	4.00	4	0.99
提高创新能力	33.4	29.9	27.0	6.8	2.9	63.3	3.84	4	1.06
提升实践能力	34.3	30.6	24.9	6.9	3.3	64.8	3.80	4	1.07

(三)科研训练满意度

研究生对科研训练的满意度为70.2%,比总体满意度低3.5百分点,见表5-8。

研究生对科研训练的满意度为70.2%

表5-8 研究生对科研训练的满意度

选　项	比例/%	满意度/%	均　值	中位数	标准差
非常满意	33.1				
比较满意	37.1				
一　般	22.8	70.2	3.94	4	0.96
不太满意	5.2				
非常不满意	1.8				

1. 在各类培养单位中，一流学科建设高校对科研训练的满意度最高，满意度达到了71.4%；其次是一流大学建设高校研究生对科研训练的满意度为70.0%，其他高校研究生对科研训练的满意度最低，为69.0%（图5-8）。

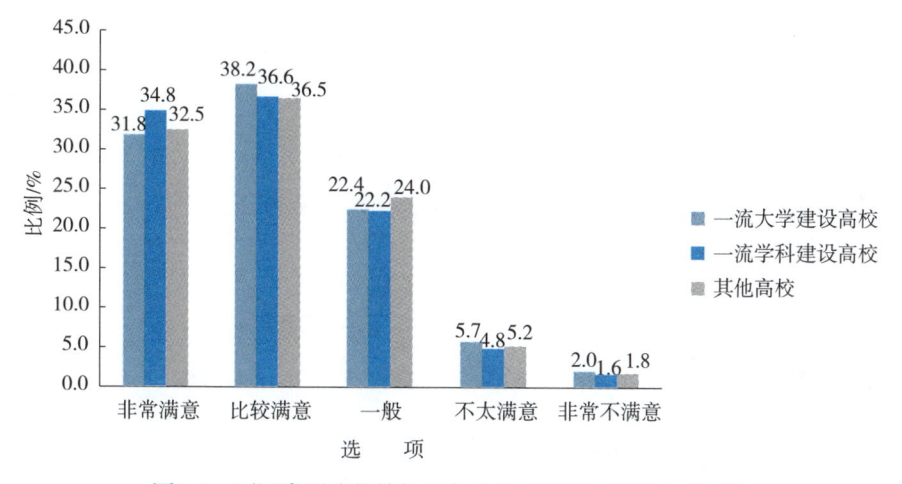

图5-8 不同类型培养单位研究生对科研训练的满意度比较

2. 就培养层次而言，博士生对科研训练的满意度高于硕士生。博士生对科研训练的满意度为76.7%，硕士生对科研训练的满意度为69.3%，见图5-9。

博士生对科研训练的满意度为76.7%，高于硕士生

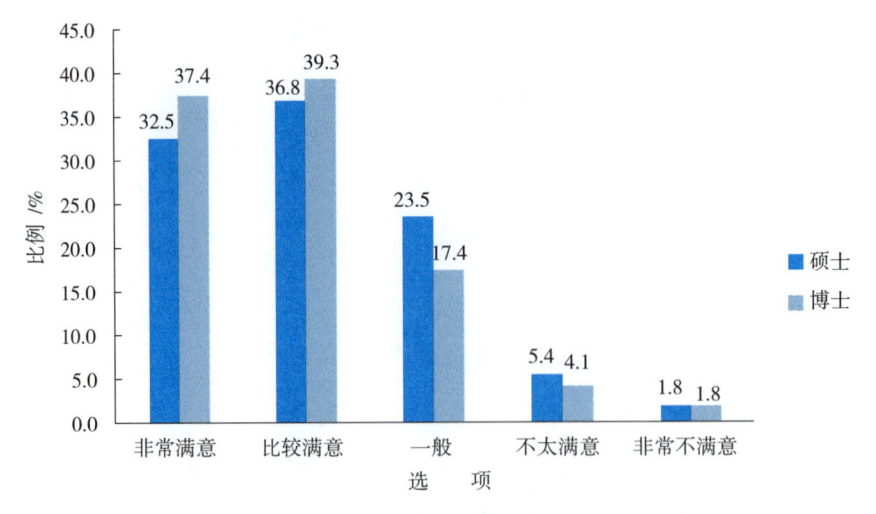

图5-9 不同层次研究生对科研训练的满意度比较

3. 研究生对参与科研项目的学术含量评价较低，表示参与科研项目的学术含量"很高"和"较高"的比例之和为52.7%，见表5-9。

研究生对参与科研项目的学术含量满意度仅有52.7%

表5-9 研究生对参与科研项目的学术含量评价

选项	比例/%	满意度/%	均值	中位数	标准差
很高	13.1				
较高	39.6				
一般	35.5	52.7	3.50	4	0.95
较低	8.0				
很低	3.8				

4. 研究生对所获科研补贴的评价依然很低。在总样本中，有参与科研活动经历的研究生对科研补贴满意的研究生仅占总人数的37.5%，见图5-10。

对科研补贴的满意度仅有37.5%

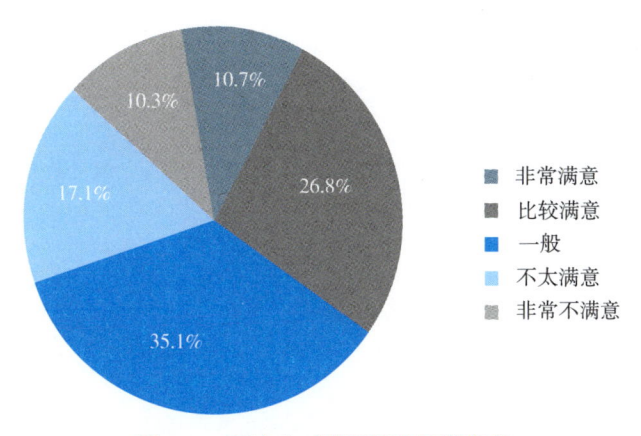

图5-10 研究生对科研补贴的满意度

5. 关于科研训练的效果,研究生更加认可科研训练对于提升自身学习能力、学术素养和实践能力的作用,在这三个方面选择"很大"和"较大"的比例分别为88.5%、85.5%和84.2%,研究生对于科研训练在提升创造力及自身就业竞争力方面的作用评价相对较低,在这两方面选择"很大"和"较大"的比例为78.3%、71.2%,见图5-11。

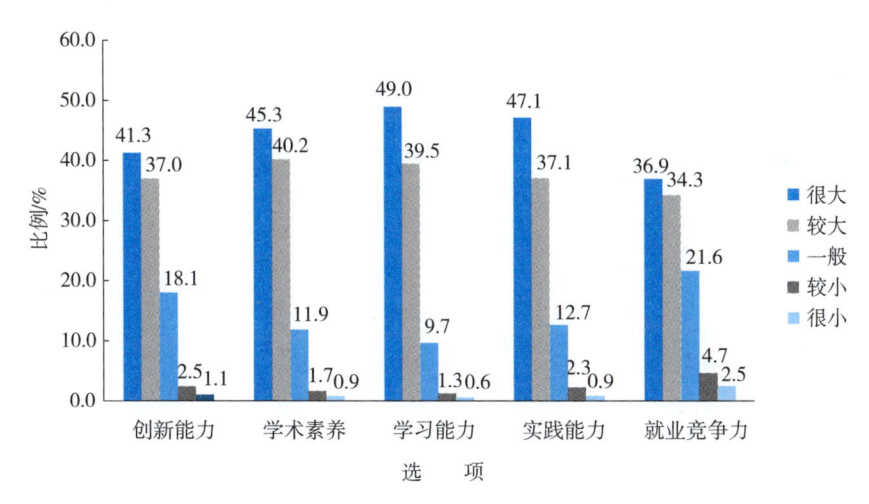

图5-11 研究生对科研训练作用的评价

(四)指导教师满意度

研究生对指导教师的满意度为85.0%,见表5-10。对指导教师的满意度不仅远高于总体满意度,也高于课程教学、科研训练、管理与服务等维度的总体

117

满意度。

表5-10 研究生对指导教师的满意度

选 项	比例/%	满意度/%	均 值	中位数	标准差
非常满意	54.4				
比较满意	30.6				
一 般	10.6	85.0	4.33	5	0.90
不太满意	2.7				
非常不满意	1.8				

1.研究生对导师道德修养和学术水平的评价相对较高（满意度分别为91.0%、88.6%）；对导师指导水平也较为认可，满意度达到85.9%；对导师指导频率的评价相对较低，满意度为80.4%，见表5-11。

表5-11 研究生对指导教师各题项满意度评价

项 目	非常满意/%	比较满意/%	一般/%	不太满意/%	非常不满意/%	满意度/%	均值	中位数	标准差
学术水平	60.0	28.6	8.7	1.5	1.1	88.6	4.45	5	0.81
道德修养	65.9	25.1	6.4	1.4	1.2	91.0	4.53	5	0.78
指导频率	52.6	27.8	13.9	3.7	2.0	80.4	4.25	5	0.96
指导水平	58.4	27.5	10.1	2.4	1.5	86.0	4.39	5	0.88

导师对自身道德修养、治学态度影响"很大"和"较大"的为 86.8%、86.7%

2.关于导师对研究生各方面素质的影响，研究生的评价普遍较高。其中，在道德修养和治学态度方面，研究生的评价更高一些，表示导师对自身道德修养、治学态度影响"很大"和"较大"的比例均为86.8%、86.7%。研究生表示导师对专业知识影响、科研能力影响"很大"和"较大"分别为81.4%、80.9%；研究生表示导师对自身学术兴趣的影响"很大"和"较大"的比例相对低一些，为

78.9%（图 5-12）。

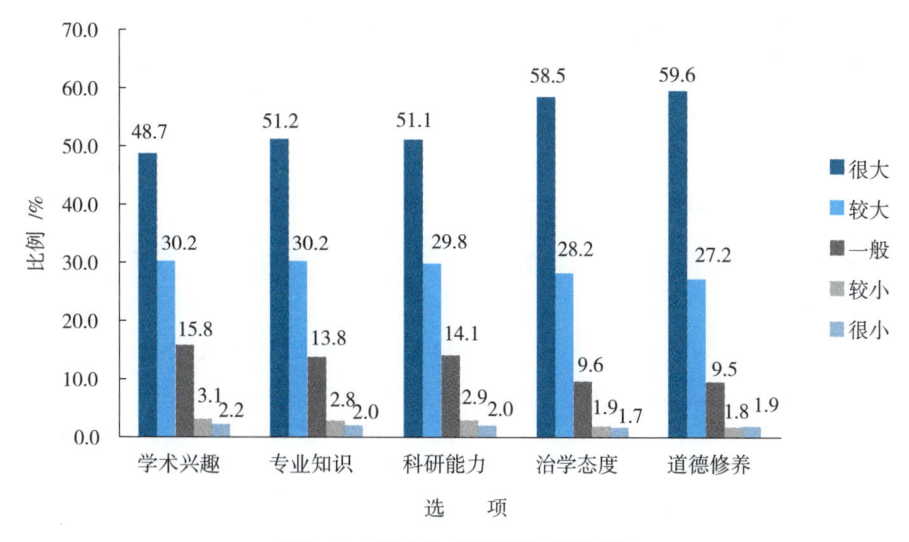

图5-12 研究生对导师影响的评价

（五）管理与服务满意度

研究生对培养单位管理与服务的满意度为 72.1%，比总体满意度低 1.6 百分点（表 5-12）。

管理与服务的满意度为**72.1%**，比总体满意度低

表5-12 研究生对培养单位管理与服务的满意度

选　项	比例/%	满意度/%	均　值	中位数	标准差
非常满意	34.0	72.1	3.97	4	0.97
比较满意	38.1				
一　般	20.9				
不太满意	5.0				
非常不满意	2.1				

在培养单位管理与服务各子项中，研究生对图书馆的满意度相对较高（满意

度为 76.9%），对奖学金制度、"三助"岗位、学术交流机会、食堂、学生管理方面的满意度超过了 60.0%；研究生对住宿、就业指导与服务满意度较低，由高到低满意度分别为 59.7%、59.0%，其中对就业指导与服务满意度最低（表5-13）。

表5-13　研究生对管理与服务各维度满意度评价

项　目	非常满意/%	比较满意/%	一般/%	不太满意/%	非常不满意/%
图书馆	39.3	37.6	17.3	3.8	2.0
学生管理	30.7	34.7	26.5	5.4	2.7
奖学金制度	29.0	34.8	24.9	7.4	3.9
"三助"岗位	28.8	33.9	29.3	5.4	2.4
学术交流机会	29.0	32.7	28.1	7.4	2.9
食　堂	27.9	32.5	24.2	9.1	6.2
住　宿	27.7	32.0	23.5	9.6	7.2
就业指导与服务	28.0	31.0	30.4	7.6	3.0

（六）专业学位研究生满意度

专业学位研究生对研究生教育的**总体满意度高**于学术学位研究生

1. 专业学位研究生对研究生教育的总体满意度高于学术学位研究生。调查对象中，专业学位研究生人数为 31165，占总体的 37.8%。专业学位研究生对研究生教育的总体满意度为 74.5%，比 2018 年（72.0%）提高了 2.5 百分点，高于学术学位研究生的总体满意度（73.2%）。专业学位研究生对课程教学、管理与服务方面的满意度高于学术学位研究生，但专业学位研究生对科研训练和指导教师的满意度低于学术学位研究生（图 5-13）。

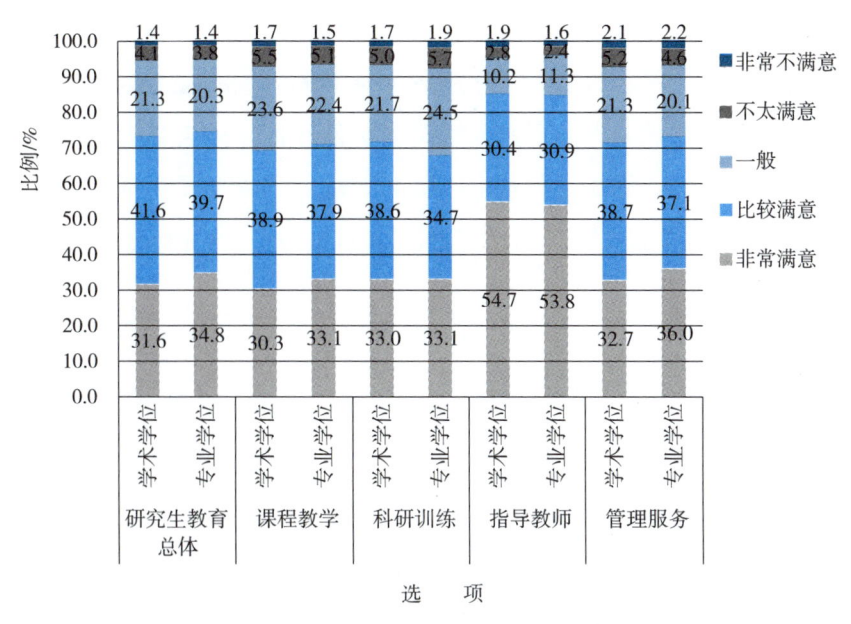

图5-13 专业学位与学术学位研究生各项满意度比较

2. 在各培养单位中，一流学科建设高校专业学位研究生对研究生教育的总体满意度最高，满意度达到了77.9%，其次是一流大学建设高校（74.3%），其他高校专业学位研究生对研究生教育的总体满意度最低，满意度为70.9%（图5-14）。

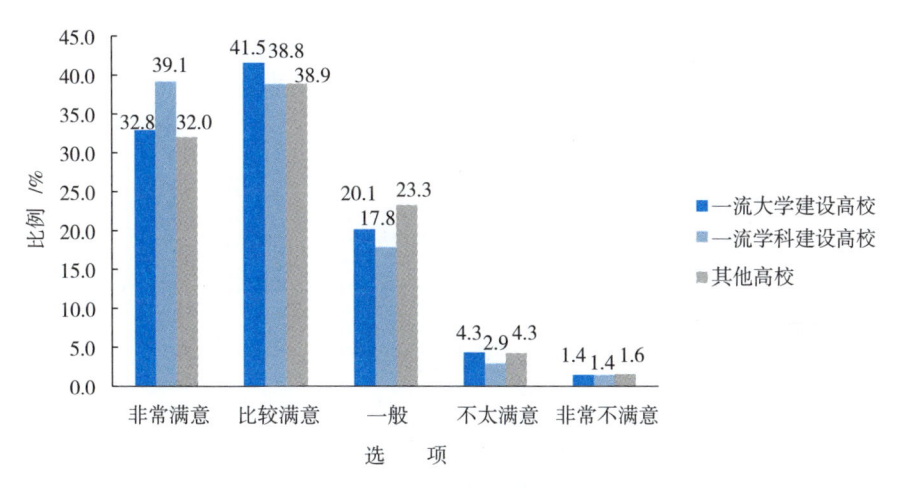

图5-14 不同类型培养单位专业学位研究生总体满意度比较

3. 拥有校外导师的专业学位研究生比例仍然偏低。仅有27.5%的专业学位研究生拥有校外导师。专业学位博士生拥有校外导师的比例（23.1%）低于专业学位硕士生（27.7%）。专业学位研究生拥有校外导师的比例各年级存在差异，三年级硕士生中拥有校外导师的比例最高，为43.0%；一年级博士生拥有校外导师的比例最低，为9.8%（表5-14）。在拥有校外导师的专业学位研究生中，有72.4%的研究生对校外导师表示满意（图5-15）。

拥有**校外导师**的专业学位研究生**比例**仍然**偏低**

表5-14 专业学位研究生拥有校外导师情况

层　次	年　级	有校外导师的比例/%
硕　士	一年级	17.0
	二年级	34.8
	三年级	43.0
博　士	一年级	9.8
	二年级	25.0
	三年级	36.9
	四年级及以上	32.3

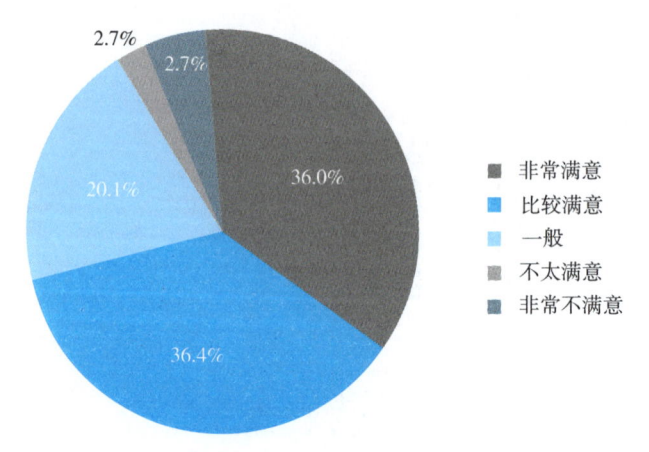

图5-15 专业学位研究生对校外导师的满意度

4. 32.4%的专业学位研究生进入实践基地参加专业实践。专业学位硕士生进入实践基地的比例（32.8%）高于专业学位博士生（23.8%）。专业学位研究生进入专业实践基地的比例各年级存在差异，博士一年级进入专业实践基地的比例最低，为14.4%，硕士三年级进入实践基地的进入专业实践基地的比例最高，为54.5%（表5-15）。在进入实践基地的专业学位研究生中，有72.5%对自己在专业实践基地表示满意（图5-16）。

72.5%研究生对自己在**专业实践基地**表示满意

表5-15 专业学位研究生进入专业实践基地情况

层　　次	年　　级	进入实践基地的比例/%
硕　士	一年级	18.6
	二年级	41.9
	三年级	54.5
博　士	一年级	14.4
	二年级	24.7
	三年级	32.2
	四年级及以上	33.5

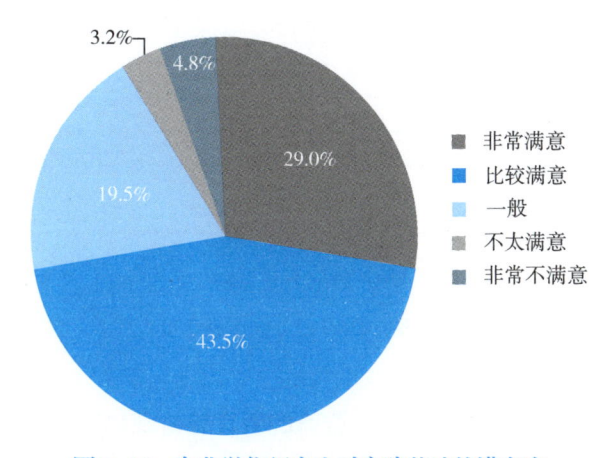

图5-16 专业学位研究生对实践基地的满意度

非常满意 29.0%
比较满意 43.5%
一般 19.5%
不太满意 3.2%
非常不满意 4.8%

四、结论与分析

2019年，研究生满意度调查优化了调查方式，扩大了调查范围，调查样本量有了较大程度的增加，调查结果显示出不同类型培养单位满意度差距缩小、专业学位研究生满意度高于学术学位研究生、部分方面满意度较低等几个主要特点。

（一）研究生总体满意度达到八年来最高

2012—2019年，研究生总体满意度呈上升趋势，达到73.7%

全国研究生满意度调查已经开展了8年，2012年度研究生满意度调查有35个研究生培养单位参与，有效样本7293份。到了2019年参与的研究生培养单位达到了118个，有效样本数量增长到82458份，样本数量增长了10.3倍。2012—2019年，研究生总体满意度呈上升趋势，从2012年的63.1%上升到2019年的73.7%。2019年的有效样本数量为八年来最多，研究生总体满意度达到8年来最高水平（图5-17）。

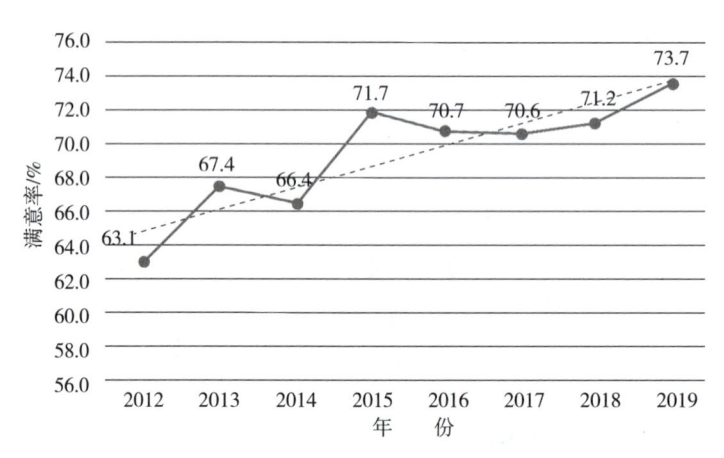

图5-17 2012—2019年研究生总体满意度变化趋势图

（二）不同研究生群体对研究生教育的满意度呈现均衡化趋势

2012—2019年，不同的研究生群体对研究生教育的总体满意度的差别呈缩小趋势。从性别角度看，男生与女生之间总体满意度的差距从 2012 年的 4.6 百分点，缩小到 2014 年的 0.9 百分点，2015 年、2016 年、2017 年、2018 年男生和女生满意度基本持平，2019 年男生与女生之间总体满意度的差距仅为 0.1 百分点。从学位层次来看，2012 年博士生的满意度比硕士生高出近 10 百分点，但 2018 年这一差距只有 2.4 百分点。不同类型高校研究生满意度之间的差距出现了明显的缩小趋势。2012 年，表现最差的其他高校（以地方高校为主）研究生的总体满意度比表现最好的科研院所研究生的总体满意度低 15 百分点左右；2019 年，总体满意度最低的仍是其他高校，但它们与满意度最高的一流学科建设高校在总体满意度上的差距缩小到了 4 百分点。值得注意的是，2019 年一流学科建设高校的总体满意度再次超越一流大学建设高校，满意度达到了 75.6%。

一流学科建设高校的总体满意度再次超越一流大学建设高校

（三）专业学位研究生满意度连续六年高于学术学位研究生

2012—2019 年，专业学位研究生在调查总体样本中的比例从 18.8% 提升至 37.8%；同时，相对于学术学位研究生，专业学位研究生对研究生教育的满意度也不断提高。2012 年和 2013 年，专业学位研究生的满意度低于学术学位研究生，但从 2014 年开始，专业学位研究生满意度反超学术学位研究生，到 2019 年已连续 6 年高于学术学位研究生（表 5-16）。

与此同时，也应该看到专业学位研究生教育目前存在的问题。从 2012 年开始，专业学位研究生拥有校外导师的比例一直偏低，2019 年仅有 27.5% 的专业学位研究生拥有校外导师，专业学位博士生拥有校外导师的比例更低，只有 23.11%。专业学位研究生进入实践基地参加专业实践的比例也一直很低，2019 年仅有 32.4% 的专业学位研究生进入实践基地参加专业实践。因此，如何提高专业学位研究生拥有校外导师的比例、提高专业学位研究生进入实践基地进行专业实践的比例是提高专业学位研究生教育质量亟待解决的问题。

表5-16　2012—2019年学术学位研究生与专业学位研究生总体满意度比较

年　份	学术学位研究生/%	专业学位研究生/%
2012	63.5	61.9
2013	67.5	66.5
2014	66.2	67.0
2015	71.5	72.0
2016	70.4	71.2
2017	70.2	71.3
2018	72.0	70.9
2019	73.2	74.5

（四）研究生对某些方面满意度较低

整体来看，研究生对课程教学、科研训练、管理与服务的部分方面满意度相对较低。具体来看，在课程教学环节，研究生对课程体系合理性、课程内容前沿性、课程教学对自身作用的评价（课程夯实知识基础、增加学习兴趣、提高创新能力、提升时间能力方面）又低于对课程教学的整体评价，仅对教师的教学水平的满意度较高。在科研训练环节，研究生对科研项目的学术含量、科研补贴的金额满意度较低。对科研训练对于提升自身学习能力和学术素养的作用评价较高。在管理与服务方面，除对图书馆评价较高外，研究生对学生管理、"三助"岗位、学术交流、奖学金、就业指导与服务、宿舍和食堂等各方面的满意度都比较低。这些方面无疑是研究生教育的"短板"，有待加强和改进。

第六章　研究生教育国际述评

全球新技术革命推动了产业革命，也推动着国际高等教育格局的转变。研究生教育为科技创新、产业研发、实业建设等发挥了重要的作用，成为一个国家提升综合实力、提高国际竞争力的核心要素。目前，各国加大了高层次人才培养的力度，加快了研究生教育转型，出台了诸如中国的"双一流"建设、英国的"产业战略"、日本的"卓越大学院项目"等方案，旨在提升各国高层次人才的培养质量，推动科技研发创新。

> **各国出台了诸如中国的"双一流"建设、英国的"产业战略"、日本的"卓越大学院项目"等方案**

值得注意的是，随着"双一流"建设的推进，中国研究生教育迎来了新一轮改革。改革的方向和建设的力度不仅推动了研究生教育规模的扩大、科研水平的进步、教育质量的提升等，也引起了国际媒体和专家对我国研究生教育发展的关注。

一、国际媒体评介中国研究生教育发展

中国研究生教育的变化一直是国外媒体关注的焦点之一。随着"双一流"建设的推进，国外媒体也在重新审视中国研究生教育的发展动向、培养质量及其带来的国际影响。

（一）中国留学研究生回国热升温

2018年5月，世界大学新闻网（University World News）报道了中国留学研

2017年中国出国留学的学生超过60万人，归国人数超过48万人，增长11.19%

究生的回国热。报道称，①2017年中国出国留学的学生超过60万人，归国人数超过48万人，比上一年增长11.19%。其中，22.74万人获得硕士及以上学位。出现这一现象的很大原因是，中国政府在科学和技术领域提高了研究经费和资金，以此吸引了越来越多的中国留学研究生回国服务。据统计，中国国家重点研究项目中70%以上的项目负责人是海归人员，中国科学院等国内重点研究机构（包括大学）中，大量研究人员也具有海外工作或访学经验。中国留学研究生的"回国热"现象，不仅体现了中国科学和技术领域的建设活力，也体现了"双一流"建设的发展成效。

中国国家重点研究项目中70%以上的项目负责人是海归人员

（二）中国大学的博士研究生就业地位需要重新审视

海外学者和毕业生在招聘时会被优先考虑

2018年8月，"高等教育内视网"（Inside Higher Ed）报道称，② 由于中国高校对国际化的痴迷，海外学者和毕业生在招聘时会被优先考虑。过去几年，中国本土培养的大多数博士研究生都面临着被歧视问题，这些博士研究生在母校学术岗位的竞聘过程中都不易得到认可，很多人只能选择去一般的地方院校工作。长此以往，中国学术界发出了一个明显的信号，"中国大学无法培养出优秀、合格

---

① Amber Ziye Wang. Fewer Chinese to Stay Abroad After Graduation – Survey[EB/OL].(2018-05-31)[2019-04-19]. https://www.universityworldnews.com/post.php?story=20180531154955271.

② Jia Song. The Challenges of Creating World-Class Universities in China[EB/OL].(2018-08-20)[2019-05-07]. https://www.insidehighered.com/blogs/world-view/challenges-creating-world-class-universities-china.

的学术人才"，越来越多的优秀学生都出国读研究生。同时也说明，中国的大学正在向国外顶尖研究型大学输送优秀研究生。因此，在推进"双一流"建设时，中国大学的研究生教育就业地位需要重新审视。

（三）上海交通大学重视培养研究生的竞争力

2019年3月，国际期刊《北京国际教育评论》(Beijing International Review of Education)中的《中国"双一流"倡议：背景、实施与潜在问题》(The "Double First-Class Initiative" in China: Background, Implementation, and Potential Problems)一文中提到，[1]"上海交通大学为了提高研究生学术和实践能力，优化了专业规模和结构，制定了高质量课程，推进专业认证，支持高层次教学的最佳实践，推出学生创新创业计划，重点培养德才兼备、具有最新学术知识和创新能力的优秀毕业生"。同时，上海交通大学也重视开展高水平的国际合作项目（合作涉及了学校层面和学院层面）。目前，该大学已与150余所著名大学签订了校际合作协议，帮助更多的研究生出国参加国际会议，接受联合培养，并参与到跨国研究合作中。

该大学已与150余所著名大学签订了校际合作协议

研究生竞争力的培养是"双一流"建设的重点之一，也是中国高校科研队伍发展的后备力量。在全球经济一体化的发展过程中，强化人才培养、提高研究生的国际竞争力，成为了中国大学的发展任务之一。

（四）清华大学首次成为亚洲顶尖学府

2018年9月，《泰晤士高等教育》发布报道称，[2]"在2019年泰晤士报高等教育世界大学排行榜"(Times Higher Education World University Rankings 2019)

---

[1] Qiang Liu, David Turner & Xiaoli Jing. The "Double First-Class Initiative" in China: Background, Implementation, and Potential Problems [J]. Beijing International Review of Education, 2019: 92-108.

[2] THE World University Rankings. World University Rankings 2019: Results Announced [EB/OL]. (2018-09-26) [2019-04-12]. https://www.timeshighereducation.com/news/world-university-rankings-2019-results-announced.

中，清华大学的排名上升了8位，全球排名第22位，超过新加坡国立大学，首次成为亚洲位列第一的顶尖学府。在过去的一年里，清华大学提高了引文影响力，增加了机构收入，扩大了国际视野，拥有了更多的国际员工、国际学生和国际合著出版物。针对这一成绩，全球高等教育中心（Centre for Global higher education）主任西蒙·马金森（Simon Marginson）表示，他对清华大学的进步并不感到意外。他说①"在数学和计算这一综合领域，中国已经领先于美国和欧洲。在物理科学和工程领域，中国几乎与世界顶级水平持平"。随着"双一流"建设不断推进，5年后清华会像麻省理工学院（Massachusetts Institute of Technology）、剑桥大学（University of Cambridge）一样，吸引世界上最好的物理科学研究人员。

清华大学全球排名第22位，首次成为亚洲位列第一的顶尖学府

（五）美国缩短了中国研究生签证的时长

美国对从事机器人、航空和高科技制造等领域的中国研究生，签证时长将缩短至一年

2018年5月，美国国务院（U.S. Department of State）透露，②美国将缩短中国公民签证的时间长度。其中，对从事机器人、航空和高科技制造等领域的中国研究生，签证时长将缩短至一年。美国政府认为，这些领域对美国的产业发展具有重要的战略意义，不仅能够推进美国的经济建设力度，也能够维护美国的国际

---

① THE World University Rankings. World University Rankings 2019: Results Announced [EB/OL].(2018-09-26)[2019-04-12]. https://www.timeshighereducation.com/news/world-university-rankings-2019-results-announced.

② Amber Ziye Wang. Fewer Chinese to Stay Abroad After Graduation - Survey [EB/OL].(2018-05-31)[2019-04-19]. https://www.university world news.com/post.php?story=20180531154955271.

领导地位。同年5月,世界大学新闻网(University World News)报道称,[①]美国通过限制签证时长,影响了中国留学生赴美学习的意愿,以期抑制中国留学生,特别是留学研究生群体对核心技术的学习和掌握。这一政策也影响了中国学生的国际流动。根据调查显示,越来越多的中国学生表示,他们想去德国、法国和日本等国留学,这些国家教学成本低、质量高,越来越具有吸引力。

二、来华留学与海外留学概况

"走出去、引进来"是中国教育对外开放的发展策略之一。作为世界第二大经济体,国际化人才的需求和高水平教育的需要,使中国成为了国际研究生的输出大国。同时,随着国际地位提升、来华留学人数的增加,中国政府也在不断完善着来华留学制度。

(一)来华留学:教育质量规范与奖学金设立

据中国教育部2019年发布的官方数据显示,2018年共有来自196个国家和地区的492185名各类外国留学人员在全国31个省、自治区、直辖市的1004所高等院校学习(以上数据均不含港、澳、台地区)。在接受学历教育的外国留学生中,硕士和博士研究生共计85062人,比2017年增加12.28%,其中,博士研究生25618人,硕士研究生59444人。[②]随着来华留学生人数的不断增加,中国政府制定了相关政策,规范了来华研究生的教育质量;同时,设立了奖学金,以吸引更多的国际研究生来华留学。

外国留学生中,硕士和博士研究生共计85062人,比2017年增加12.28%

---

① Amber Ziye Wang. Fewer Chinese to Stay Abroad After Graduation – Survey [EB/OL].(2018-05-31)[2019-04-19]. https://www.universityworldnews.com/post.php?story=20180531154955271.

② 中华人民共和国教育部. 2018年来华留学统计[EB/OL].(2019-04-12)[2019-05-14]. https://www.csc.edu.cn/article/1474.

1. 政府通知：《来华留学生高等教育质量规范》

教育部发布《来华留学生高等教育质量规范（试行）》

2018年10月，教育部发布《来华留学生高等教育质量规范（试行）》通知。该"规范"是我国首次专门针对来华留学教育制定的质量规范文件，是指导和规范高校开展来华留学教育的全国统一的基本准则，也是开展来华留学内部和外部质量保障活动的基本依据。[①]该"规范"分为四个部分，即"人才培养目标""招生、录取和预科""教育教学""管理和服务支持"。其中，"人才培养目标"和"招生、录取和预科"两部分中，对硕士研究生和博士研究生的能力提出了更高的要求。

首次专门针对来华留学教育制定的质量规范文件

"人才培养目标"中强调，毕业时，"硕士研究生、博士研究生的中文能力应当至少达到《国际汉语能力标准》三级水平"；"硕士层次来华留学生应当在本学科领域中具有较好的国际视野，能够在多个国家的实际环境中运用和发展本学科的知识、技能和方法，并具备参与国际事务和国际竞争的能力。博士层次来华留学生应当在本学科领域中具有宽阔的国际视野，能够在世界范围内创新运用和发展本学科的理论、技能和方法，在国际事务中具有竞争优势"。

"招生、录取和预科"中强调，硕士研究生入学"要求获得学士学位或具有同等学历"。[②]博士研究生入学"要求获得硕士学位或具有同等学历"[③]。此外，我国与其他国家和地区签署的政府间学历学位互认协议中约定了对方学生进入我国高等教育机构的准入条件的，依照已签署的互认协议执行。

2. 奖学金设立：重点支持来华留学研究生

为增进中国人民与世界各国人民的相互了解和友谊，发展中国与世界各国在

---

① 中华人民共和国教育部.关于印发《来华留学生高等教育质量规范（试行）》的通知[EB/OL].（2018-10-09）[2019-02-23]. http://www.moe.gov.cn/srcsite/A20/moe_850/201810/t20181012_351302.html.

② 参照"成功完成《国际教育标准分类法（ISCED 2011）》6级或7级课程"的要求。

③ 参照"成功完成特定的《国际教育标准分类法（ISCED 2011）》7级课程"的要求。

各领域的交流与合作，2018 年，中国政府（国家留学基金管理委员会）围绕"一带一路""'双一流'建设""中非友谊"等主题，增设了奖学金，重点资助世界各国优秀学生，特别是国际研究生来中国学习交流。

2018 年，中国政府增设了奖学金，重点资助世界各国优秀学生，特别是国际研究生来中国学习交流

例如，"中非友谊"中国政府奖学金项目，旨在落实习近平主席在 2018 年中非合作论坛北京峰会开幕式讲话中"为非洲提供 5 万个中国政府奖学金名额"的承诺，为非洲各国培养行业紧缺人才、优秀技能人才以及高层次人才，提供我国与非洲各国在实施"八大行动"过程中的人才支撑。项目重点招收硕士研究生和博士研究生，如有国家重大项目需求，可扩展至本科层次。项目鼓励高校整合国内外资源，积极与非洲国家政府部门、企业或高校合作，开展订单式或定向硕博研究生高层次人才培养。①

"高校研究生"中国政府奖学金项目、"2018—2019 学年 IBM 优秀美国来华留学生奖学金"项目②和"国家开发银行奖励金"项目等，③旨在积极配合高校建设世界一流大学和一流学科的战略目标，发挥中国政府奖学金对高水平留学生来华学习的吸引和支持作用，利用本校优势学科和重点学科设计人才培养项目，集中使用名额，吸引各国优秀学生来华攻读研究生层次学位。④

---

① 国家留学基金管理委员会.关于申报 2019—2020 学年度"中非友谊"中国政府奖学金项目的通知[EB/OL].（2019-03-26）[2019-03-28］. http://www.campuschina.org/zh/content/details10029_378193.html.

② 国家留学基金管理委员会. 2018/2019 学年 IBM 优秀美国来华留学生奖学金录取结果［EB/OL］.（2018-12-11）［2019-01-29］. http://www.campuschina.org/zh/content/details10029_372527.html.

③ 国家留学基金管理委员会.63 名国际学生获国家开发银行奖励金[EB/OL].（2018-05-30）（2018-12-21）. http://www.campuschina.org/zh/content/details10029_372530.html.

④ 国家留学基金管理委员会.关于申报 2019—2020 学年度"高校研究生"及"丝绸之路"中国政府奖学金项目的通知[EB/OL].（2018-12-12）［2019-03-29］. http://www.campus china.org/zh/content/details10029_372528.html.

（二）海外留学：出国攻读研究生发展趋势

1. 商科类专业是中国留学研究生的首选

根据2018年"新东方前途出国"发布的数据显示，[①] 商科类专业是中国留学研究生的首选。例如，2017—2018学年，在英国，中国留学研究生选择商科类专业的人数占比最大，达到了53.4%，其次是工程类（13.4%）、教育类（8.8%）、文化传媒类（8.0%）、艺术设计类（5.7%）等；在澳大利亚，中国留学生申请商科专业的人数占比也最大，达到了51.0%。

商科类专业是中国留学研究生的首选

2. 政策变化将影响中国留学研究生的国际流动

各国政策的变化将会影响中国留学生的国际流动。例如，英国内政部于2017年12月宣布，扩大T4学生签证的试行项目。该项目在牛津大学、剑桥大学、巴斯大学和帝国理工学院等大学试行，适用于2018—2019学年入学的学生。实际上，该试行项目面向即将在英国攻读学习期限不超过13个月硕士学位课程的国际学生，旨在简化他们的签证申请流程，使留学生能够更快地入境学习。这对中国留学研究生将产生一定的吸引力。此外，在加拿大，2017年的移民政策及其福利加大了中国留学生的申请力度，也将成为影响中国研究生流动的重要原因之一。[②]

英国内政部于2017年12月宣布，扩大T4学生签证的试行项目

三、国际研究生教育动态

当今世界竞争是人才的竞争、是教育的竞争。为了提高综合国力和国际竞争

[①] 新东方前途出国.2018中国留学白皮书［R］.北京：新东方，2018：103，151，169，170，185.
[②] 新东方前途出国.2018中国留学白皮书［R］.北京：新东方，2018：103，151，169，170，185.

力，建设人力资源强国成为各国政府的建设重点。目前，国际研究生教育发展不仅重视一流大学的建设与经费研发的力度，更加重视国际合作的水平、高精尖人才的培养以及科技研发的贡献等。此外，随着国际政治经济环境的变化，国际研究生留学的流动趋势也发生着变化。

（一）美国：国际留学生申请人数和注册人数均有所下降

1. 国际研究生申请人数连续两年下降

2017—2018年度，美国研究生申请人数下降了4%

2017—2018年度，美国研究生申请人数下降了4%（2016—2017年度，下降了3%）。人数下降的主要原因是申请攻读硕士学位的留学生总数下降了6%。具体而言，66所R1[①]类院校中，硕士申请人数下降了6%；81所R2和R3[②]类院校下降了9%；其他93所院校中下降了1%。[③]

2. 在美国研究生招生比例中，国际研究生数量占比较大

从美国的研究生招生占比情况来看，国际硕、博研究生的基数较大。在硕士阶段，R1类院校的硕士研究生的录取率为33%、入学率为36%；R2&R3类院校中，硕士研究生的录取率为32%、入学率为55%；硕士类院校中，2018年国际研究生录取率和入学率分别为31%和47%（图6-1）。[④]

在博士阶段，2018年R1类院校的博士研究生的录取率为15%、入学率为45%；R2&R3类院校中，博士研究生的录取率为36%、入学率为50%；硕士类院校中，国际研究生录取率和入学率分别为19%和54%。从国际研究生录取率和入学率来看，美国在国际研究生招生方面，仍然具有竞争力（图6-2）。

[①] R1：研究活跃度最高（Highest Research Activity）的博士类大学（Doctoral Universities）。

[②] R2：研究活跃度较高或适中的博士类大学（Doctoral Universities）。

[③] Hironao Okahana and Enyu Zhou International Graduate Applications and Enrollment：Fall 2018［R］. Council of Graduate Schools，2019：5，6.

[④] Hironao Okahana and Enyu Zhou International Graduate Applications and Enrollment：Fall 2018［R］. Council of Graduate Schools，2019：5，6.

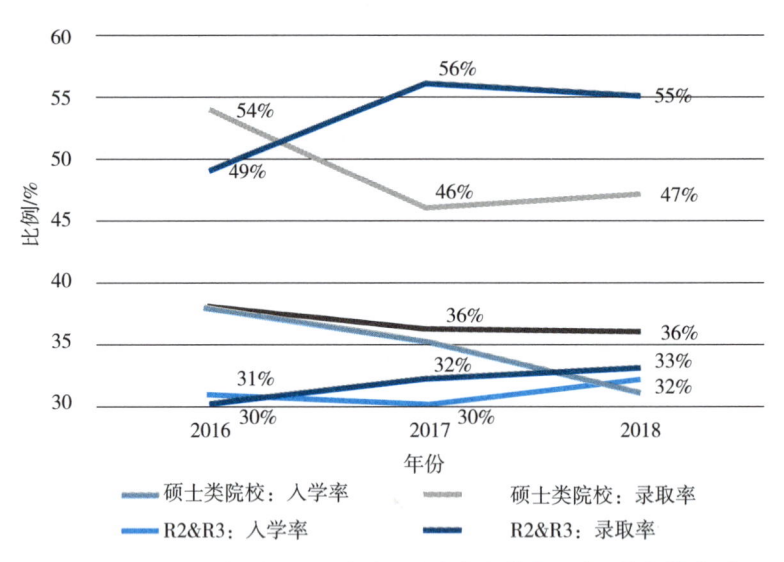

图6-1 2016—2018年国际硕士申请录取率和入学率汇总（按机构类型）

来源：Hironao Okahana & Enyu Zhou International Graduate Applications and Enrollment：Fall 2018 [R]. Council of Graduate Schools，2019：6.

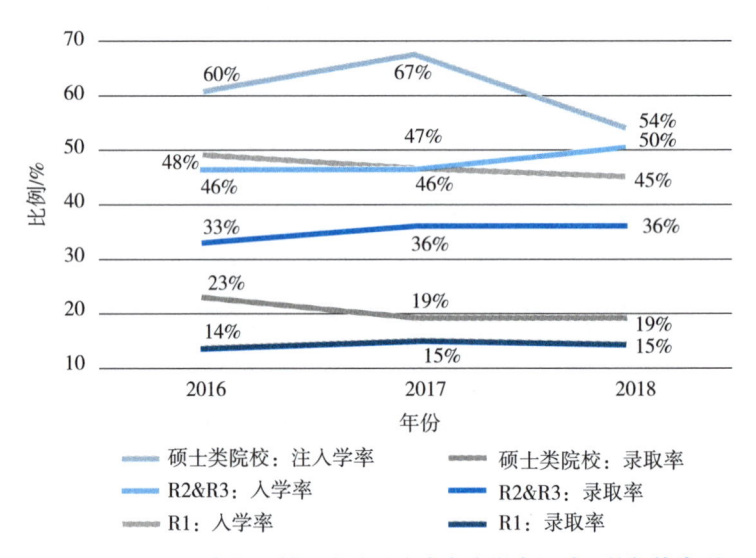

图6-2 2016—2018年国际博士申请录取率和入学率汇总（按机构类型）

来源：Hironao Okahana and Enyu Zhou International Graduate Applications and Enrollment：Fall 2018 [R]. Council of Graduate Schools，2019：6.

（二）英国：博士人才储备的担忧

2019年1月31日，英国大学部长、国会议员克里斯·斯基德莫尔（Chris Skidmore）在演讲中指出，"实现《产业战略》①设定的目标要增加博士招生人数"。②作为该战略的一部分，英国政府承诺，"到2027年，研发经费占GDP的比重将提高到2.4%。但是，如果没有强大的人才储备，这笔经费不会发挥作用"。③

研究生的培养，不仅为研发产业提供强大的人才储备，也对整个国家的发展产生直接影响。④而一个国家的研发支出应覆盖博士培养项目和一些（研究型）硕士项目。假设研究生3/4的时间都花在研发上，要实现2027年的目标，研究生入学人数需要增长10.16%。⑤

过去的10年里，英国研究生入学人数增加了22%

在过去的10年里，英国研究生入学人数增加了22%，即由2007—2008年度的28905人，增加到2016—2017年度的35340人。但根据英国高等教育学生统计局（Higher Education Student Statistics）的数据显示，在2012—2013年度至2016—2017年度，英国连续3年研究生注册率下降。要实现2027年10.16%的

---

① 2017年11月20日，英国政府发布了产业战略白皮书，旨在通过对技能、产业和基础设施的投资，提高生产率，创造就业，提高人们的收入。产业战略的目标对高等教育机构的研究领域将产生重要影响。

② HM Government 2019. Universities Minister Sets Vision for Higher Education.［EB/OL］.（2019-01-31）［2019-04-06］. https://www.gov.uk/government/speeches/univerisities-minister-sets-vision-for-higher-education.

③ HM Government 2019. Universities Minister Sets Vision for Higher Education.［EB/OL］.（2019-01-31）［2019-04-06］. https://www.gov.uk/government/speeches/univerisities-minister-sets-vision-for-higher-education.

④ Office for National Statistics. Gross domestic expenditure on research and development, UK: 2016.［EB/OL］.（2018-03-15）［2019-04-04］.https://www.ons.gov.uk/economy/governmentpublicsectorandtaxes/researchanddevelopmentexpenditure/bulletins/ukgrossdomesticexpenditureonresearchanddevelopment/2016.

⑤ UKCGE. Postgraduate Education's Role in Delivering the Research and Development Target［EB/OL］.［2019-03-11］. http://www.ukcge.ac.uk/article/policy-briefing-doctoral-researchers-rd-404.aspx.

增长，这一情况不容乐观。①

此外，英国退欧对欧盟研究生申请英国大学也产生了影响。罗素集团于2019年1月4日发表声明称，"2017—2018至2018—2019年度中，欧盟以科研为主的研究生数量下降了9%"。②这一趋势表明，到2027年，10.16%的增长目标将很难实现。③

（三）澳大利亚：研究生教育经费支持项目改革

澳大利亚研究生拨款经费的使用情况不佳。从过去3年的数据来看，2015年，澳大利亚政府为38456名得到澳大利亚高等教育支持（Commonwealth Supported Places,CSP）④的非医学研究生提供了经费，但有4885个名额空缺。在2016年，政府又分配了39534个名额，5320个名额空缺。为了改变这一现状，2018年，澳大利亚政府决定对研究生经费分配进行改革（削减3000个名额），但这并不会减少研究生获得资助的机会。从2018年分配的数量上看，该年份的研究生名额依旧高于2015年和2016年的数量。⑤

2018年，澳大利亚政府决定对研究生经费分配进行改革

具体而言，从2019年起，政府首先将根据研究生课程，重新分配CSP经费，并将其直接划拨给研究生。其次，在设计奖学金体系时，会同利益相关者一同协商。再次，建立顾问小组，监督各利益相关者的协商过程。该小组由机构、企业

---

① Postgraduate Education's Role in Delivering the Research and Development Target［EB/OL］.［2019-03-11］. http://www.ukcge.ac.uk/article/policy-briefing-doctoral-researchers-rd-404.aspx.

② Russell Group. Fall in EU student numbers［EB/OL］.（2019-01-04）［2019-03-11］. https://russellgroup.ac.uk/news/fall-in-eu-student-numbers/.

③ HESA. Higher Education Student Statistics：UK, 2016/17-Where Students Come from and Go to Study［EB/OL］.（2018-01-11）［2019-04-01］.https://www.hesa.ac.uk/news/11-01-2018/sfr247-higher-educationstudent-statistics/location.

④ "澳大利亚高等教育支持项目" Commonwealth Supported Places（英文也成为 Australian Program for tertiary education）。

⑤ Australian Government. Improving the sustainability of higher education in Australia.［EB/OL］.［2019-04-03］. https://www.studyassist.gov.au/sites/studyassist/files/1.new_repayment_threshold.pdf.

（或雇主）和高峰组织（Peak Bodies）的成员组成。最后，通过招标，聘请外部机构（第三方机构），并根据所制定的指南评审奖学金。此外，修改后的经费拨款将记录在资助协议中，而其中的 CSP 拨款的记录单会发放给澳大利亚每所大学。

（四）日本：启动卓越大学院项目

> **2018年，日本启动卓越大学院项目，13所大学的15个项目入选**

2018 年，日本启动卓越大学院项目，13 所大学的 15 个项目入选。日本卓越大学院项目的主要目的是培养领导各个领域的优秀博士人力资源，建立人力资源开发与交流的可持续发展联合研究基地，促进日本整个研究生院的改革。

近年来，日本的总人口数和劳动人口数逐年下降，年轻人选择攻读博士学位的人数出现了停滞甚至是下降的情况，导致青年科研人才短缺，科研产出数量减少，为此日本采取了包括卓越大学院在内的一系列高等教育改革。

本次入选卓越大学院的 13 所大学分别是北海道大学、东北大学、筑波大学、东京大学、东京农工大学、东京工业大学、长冈科技大学、名古屋大学、京都大学、大阪大学、广岛大学、长崎大学、早稻田大学。其中，东北大学和名古屋大学分别有 2 个项目入选。这 15 个项目基本与日本在国际上具有优势的 4 大学科领域联系紧密。[1]

（五）欧盟：一种新的博士教育体系"Eucor-欧洲校园"

位于欧洲中心地带的五所大学：巴塞尔大学、弗莱堡大学、豪特阿尔萨斯大学和斯特拉斯堡大学以及卡尔斯鲁厄理工学院正在进行跨境教育合作。该合作被称为"Eucor-欧洲校园"（Eucor- The European Campus）项目，[2] 形成了包括教学、研究、创新和管理的大学网络。同时，该项目打破了单一校园研究潜力的局

---

[1] 日本文部科学省．平成 30 年度「卓越大学院プログラム」の選定結果［EB/OL］.（2018-10-03）［2019-04-05］. http://www.mext.go.jp/b_menu/houdou/30/10/1409731.htm.

[2] Janosch Nieden. Cross-border Doctoral Education at the European Campus.［EB/OL］.（2018-06-04）［2019-04-01］. https://eua.eu/resources/expert-voices/13-cross-border-doctoral-education-at-the-european-campus.html.

限，形成了一个没有边界的知识和研究领域，为博士研究生提供了更开阔的研究环境。在其合作中，这五所大学确定了共同的愿景，发挥了自身潜力，实现了优势互补、协同创新的效应。

1. 共享校园的理念

作为创新跨境合作项目，"共享校园"的理念具有较高的国际吸引力。例如，五所大学的博士生可以在巴塞尔大学的格雷斯研究生中心（GRACE Graduate Center）或弗莱堡大学的核心资格中心（Center for Key Qualifications）学习课程，共享图书馆和食堂等所有资源。同时，各大学还提出关于共享研究设备的理念，其目标是有效利用资源，实现协同合作，提高博士生的研究效率。

2. 培养结构的突破

在博士生培养过程中，该项目设置了联合博士学位监督协议。该协议在两个或两个以上的高校间开展。基于这一协议，博士生毕业时（基于一篇博士论文）可以同时获得两个或三个国家的博士学位。此外，博士生也有可能在共享博士学院获得"结构化"（Structured）的跨境博士学位。

3. 文化交流的扩展

在共享校园中，一些学科领域建立了网络组织，加强了五所大学研究人员、博士生和其他学生之间的知识互动与经验交流。例如，Eucor 英语网络是一个跨文化交流论坛。该论坛不仅集结了合作大学中以英语为母语的文化语言学专家，而且每年为硕士生和博士生开展相关的会议或研讨会，探讨研究成果、开展研究合作。

实际上，"Eucor-欧洲校园"项目的附加价值在于它开启了研究视角的多样性和广泛性，并为博士生拓展了研究领域。正如法国总统埃马纽埃尔·马克龙（Emmanuel Macron）在索邦大学（Sorbonne University）发表的欧洲政策主题演讲中所提到的那样，Eucor 已走上了"欧洲大学"的创建之路。

2019年2月，五所大学通过了"2019—2023年的战略合作规划"

2019年2月，五所大学通过了"2019—2023年的战略合作规划"。该规划指出，Eucor 将在研究与创新、教学与博士质量等方面形成共同的愿景，并将"量子科学和技术""个性化健康精准医疗""可持续性"及"欧洲身份认同"四个方面作为优先发展领域，开展跨界教授职位、探索性讲座、联合研究生院试点项目，简化欧洲校区的合作流程。欧洲校区还将加强与地方企业和社会的联动，利用校区邻近区域的潜能，促进人员流动。

四、全球博士生教育发展概况

2018 年，全球博士生教育发展的领导者依旧是以英国、美国为首的发达国家，科学、技术、工程、数学（STEM）依旧是博士生的首选专业，但随着中、韩、印等国的研究生教育规模扩大，博士学位授予的比例不断提高，全球博士生教育发展已出现新的变化。

（一）澳、加、德、英、日博士生人数国家占比高

2018 年，澳大利亚政府发表了年度报告《规划未来博士学位的选择》（Design Options for the Future Doctorate）。报告指出，目前全球博士生注册总人数超过 217 万名。[1] 根据 2018 年各国统计数据显示，博士生人数占比（占本国高等教育总人数比例）较高的前五个国家分别为：澳大利亚（4.3%）[2]、加拿大（4.2%）、德国[3]（3.8%）、英国[4]（4.9%）、日本[5]（2.6%）。

目前全球博士生注册总人数超过217万名

---

[1] Australian Government-Department of Education and Training. Design Options for the Future Doctorate: Final Report 2018 [R]. Australian Government-Department of Education and Training. 2018: 6.

[2] Department of Education and Training. Higher Education Statistics Data Cube.[EB/OL].（2018-12-30）[2019-04-05］. https://www.education.gov.au/higher-education-statistics.

[3] Statistisches Bundesamt. Federal Statistical Office, Germany.[EB/OL].[2019-04-05]. https://www-genesis.destatis.de/genesis/online/data?operation=sprachwechsel&language=en.

[4] Higher Education Statistics Agency. Students and Graduates.[EB/OL].（2019-01-07）[2019-04-05］. https://www.hesa.ac.uk/news/17-01-2019/sb252-higher-education-student-statistics.

[5] Research Institute for Higher Education. Statistics of Japanese Higher[EB/OL].（2018-12-30）[2019-04-05］. http://rihe.hiroshima-u.ac.jp/en/statistics/synthesis/.

（二）全球博士生首选STEM专业

从研究学科领域来看，博士生注册时倾向于选择科学、技术、工程、数学（STEM）四门学科的专业，其比例是 HASS[①] 专业的两倍以上。2018 年经济合作与发展组织（OECD）在报告中指出，全球 STEM 学科的博士招生占比为 50%—60%。在印度，60.8% 的博士生入学时选择 STEM 学科。在中国，STEM 学科的博士入学率占比为 75%（STEM 与 HASS 的交叉学科的博士人数不计算在内）。日本 STEM 项目的学生比例也相当高，68% 的博士生选择在 STEM 学院就读[②]。

全球STEM学科的博士招生占比为50%—60%

国际博士生对 STEM 专业的关注，在一定程度上推动了 STEM 学科的发展，特别是在发达国家，STEM 专业的国际学生比例较高。美国超过 2/3 的国际学生注册了 STEM 专业，澳大利亚 STEM 专业国际学生占比 72%，加拿大占比 74%，瑞典占比 88%。[③]

（三）博士生就业率高、收入水平高

2018 年《规划未来博士学位的选择》报告显示，[④]教育水平提高能够增加毕业生的就业率、提高工作收入总额。博士生毕业后就业状况良好，就业率均高于硕士生和本科生。博士生就业率最高的是土耳其（94%），最低的是俄罗斯（87%）。同时，各国的研究表明，博士毕业生的平均薪资和终身收入高于硕士。

---

① HASS 全称为 Human, Art and Social Science，即人文、艺术和社会科学。

② Research Institute for Higher Education. Statistics of Japanese Higher［EB/OL］（2018-12-30）［2019-04-05］. http://rihe.hiroshima-u.ac.jp/en/statistics/synthesis/.

③ Organisation for Economic Co-operation and Development. The future of education and skills：Education 2030.［EB/OL］.（2018-05-04）［2019-04-05］. http://www.oecd.org/education/2030/E2030%20Position%20Paper%20（05.04.2018）.pdf.

④ Australian Government-Department of Education and Training. Design Options for the Future Doctorate：Final Report 2018［R］. Australian Government-Department of Education and Training. 2018，9：6.

例如，2019 年初，美国人口普查局（Data USA）[1]调查显示，博士毕业生年薪更有可能达到 10 万美元以上。

（四）各国GERD与HERD的博士教育经费投入不同

衡量博士教育经费投入有两个关键指标。第一个指标是国内研发支出总额（Gross Expenditure on Research and Development，GERD）；第二个指标是高等教育研发基金（Higher Education Research & Development，HERD）。

以色列GERD占GDP的比例最高（4.25%）

根据 2018 年 OECD 统计显示，美国、加拿大、澳大利亚、日本、韩国、瑞士、以色列等国家的国内生产总值（Gross Domestic Product，GDP）中，分配给 GERD 的比例很高。其中，以色列 GERD 占 GDP 的比例最高（4.25%），其次是韩国、瑞士、日本和瑞典，智利最低（0.38%）。值得注意的是，尽管按照 GERD 占 GDP 的比例计算，美国排名全球第 11 位，但由于其规模庞大，按绝对投资值（近 5000 亿美元）计算，美国排名第一。中国在 GERD 的投资为 4080 亿美元，排名第二。[2]

HERD 资金来源有两个渠道，即政府和非政府。大部分国家如澳大利亚、法国、德国和韩国对政府资金的依赖程度较大[3]。如，澳大利亚政府提供了 91% 的研发经费。而对政府经费依赖程度较低的国家，如，土耳其、日本、加拿大和美国，政府对 HERD 的经费支持不到 60%。实际上，非政府经费[4]的来源差异较大。例如，加拿大、日本、土耳其和美国的大部分经费来自高等教育机构所筹集的商业款项和慈善款项；英国、波兰和以色列的大部分经费来自世界其他地区。

---

[1] Data USA. Data USA.［EB/OL］.［2019-04-05］. https://datausa.io/profile/cip/450601.

[2] National Science Board. Science and Engineering Indicators 2018.［EB/OL］（2018-12-30）［2019-04-05］. https://www.nsf.gov/statistics/indicators.

[3] Organisation for Economic Co-operation and Development. OECD Science, Technology and Industry Scoreboard 2017: The Digital Transformation［R］. OECD, 2017: 110.

[4] HERD的非政府来源包括企业、私人、高等教育部门、非营利组织和其他组织的捐助，也包括其他国家和地区的经费投资。

此外，在HERD经费分配上，澳大利亚与加拿大相对较多，分别占GDP的0.63%和0.66%。

在HERD经费分配上，澳大利亚与加拿大相对较多

附　录

附录一　2018年中国学位与研究生教育质量要事志

1月17日

教育部下发教研〔2018〕1号文件《教育部关于全面落实研究生导师立德树人职责的意见》，以努力造就一支有理想信念、道德情操、扎实学识、仁爱之心的研究生导师队伍。该文件共有18条意见，分为五个部分，分别是：指导思想和总体要求、强化研究生导师基本素质要求、明确研究生导师立德树人职责、健全研究生导师评价激励机制、强化组织保障。

《教育部关于全面落实研究生导师立德树人职责的意见》下发

1月29—30日

国务院学位委员会第三十四次会议于2018年1月29—30日在北京召开。国务院副总理、国务院学位委员会主任委员刘延东出席会议并作重要讲话。本次会议的主要议题是：深入学习贯彻习近平新时代中国特色社会主义思想和党的十九大精神，学习贯彻刘延东同志重要讲话精神；听取并审议杜占元秘书长《国务院学位委员会第三十三次会议以来的主要工作和下一阶段工作考虑》；审批以下事项：① 2017年学位授权审核结果；② 2017年服务国家特殊需求人才培养项目验收评估结果；③ 2017年学位授权点专项评估结果；④ 2017年学位授权点动态调整结果；⑤军队博士、硕士学位授予单位及其学位授权点对应调整名单；⑥西藏农牧学院学位授予权调整名单；⑦工程专业学位类别设置调整方案。审议以下事项：①关于推进高等学校做好学位授权自主审核工作的意见；②关于加强授予研究生毕业同等学力人员硕士博士学位管理的工作方案。

会议还议定了如下事项：审议并举手表决通过了《国务院学位委员会第三十三次会议以来的主要工作和下一阶段工作考虑》；审议并投票表决通过了《2017年学位授权审核结果》；审议并投票表决通过了《2017年服务国家特殊需求人才培养项目验收评估结果》；审议并投票表决通过了《2017年学位授权点专项评估结果》；审议并投票表决通过了《2017年学位授权点动态调整结果》；审议并投票表决通过了《军队博士、硕士学位授予单位及其学位授权点对应调整名单》；审议并投票表决通过了《西藏农牧学院学位授予权调整名单》；审议并投票表决通过了《工程专业学位类别设置调整方案》；审议并原则通过了《关于推进高等学校做好学位授权自主审核工作的意见》；审议并原则通过了《关于加强授予研究生毕业同等学力人员硕士博士学位管理的工作方案》。

2月11日

国务院学位委员会办公室发布文件，对现行建筑学硕士、建筑学学士和城市规划硕士专业学位授权审核工作进行了调整：①通过全国高等学校建筑学专业教育评估委员会（以下简称"建筑评估委员会"）或住房和城乡建设部高等教育城乡规划专业评估委员会硕士专业评估的单位，可通过学位授权点动态调整工作，申请将建筑学一级学科硕士学位授权点调整为建筑学硕士专业学位授权点、将城乡规划学一级学科硕士学位授权点调整为城市规划硕士专业学位授权点；②通过建筑评估委员会本科专业评估的单位，可直接向所在省级学位委员会申请建筑学学士专业学位授权；③统筹建筑学硕士和城市规划硕士授权点合格评估和专业评估，加强评估时间、评估工作的有效衔接。

2月27日

2017年学位授权点**专项评估结果**公布

国务院学位委员会、教育部下达了2017年学位授权点专项评估结果及处理意见。广西民族大学、湖南师范大学、西藏大学各有一个博士学位授权点的评估结果为"限期整改"，太原师范学院、吉林化工学院、湖南理工学院和重庆三峡学院各有一个硕士学位授权点的评估结果为"限期整改"。这些评估结果为"限期整改"的学位授权点，需要进行为期2年的整改，2018年招生工作结束后暂停招生。整改结束后接受复评，复评结果为"合格"的学位授权点恢复招生，复评结果达不到"合格"的学位授权点被撤销学位授权。

3月14日

对工程专业学位类别进行调整

国务院学位委员会、教育部下发通知，决定对工程专业学位类别进行调整。为统筹工程硕士和工程博士专业人才培养，将工程专业学位类别调整为电子信息（代码0854）、机械（代码0855）、材料与化工（代码0856）、资源与环境（代码0857）、能源动力（代码0858）、土木水利（代码0859）、生物与医药（代码0860）、交通运输（代码0861）8个专业学位类别。工程硕士领域中的项目管理、物流工程、工业工程3个领域调整到工程管理专业学位类别（代码1256）。调整后的8个专业学位类别分为硕士、博士两个层次。工程专业学位类别（代码0852）待相关学位授权点对应调整完成后不再保留。

3月19日

决定开展2018年学位授权点专项评估

国务院学位委员会、教育部发出通知，决定开展2018年学位授权点专项评估工作。此次评估工作由国务院学位委员会办公室负责，委托国务院学位委员会学科评议组和全国专业学位研究生教育指导委员会组织实施。评估的对象是2014年获得授权且未调整的学位授权点和2014年学位授权点专项评估结果为"限期整改"的学位授权点。专项评估主要检查参评点研究生培养体系的完备性，包括师资队伍（队伍结构、导师水平）、人才培养（招生选拔、培养方案、课程教学、学术训练或实践教学、学位授予）和质量保证（制度建设、过程管理、学风教育）等。国务院学位委员会办公室汇总评估结果后报国务院学位委员会审批。

国务院学位委员会根据评估结果，对参评点分别做出继续授权、限期整改或撤销学位授权的处理决定。评估结果及处理决定向社会公开。

3月22日

2017年新增博士学位授权点655个、新增硕士学位授权点共2059个

国务院学位委员会办公室公布了2017年新增学位授权审核结果。2017年全国新增博士学位授权点655个。其中，新增一级学科授权点324个，已有二级学科授权点新增为一级学科授权点283个，新增专业学位授权点48个。新增硕士学位授权点共2059个。

4月10日

国务院学位委员会办公室下发文件，撤销了南开大学高级管理人员工商管理硕士专业学位研究生招生权，自通知下发之日起，不得继续招收高级管理人员工商管理硕士（EMBA）专业学位研究生。

撤销了南开大学高级管理人员工商管理硕士专业学位研究生招生权

4月19日

国务院学位委员会发布了《关于高等学校开展学位授权自主审核工作的意见》，对稳步推进高等学校开展学位授权自主审核工作提出了十点意见。文件同时给出了自主审核单位新增学位授权点论证报告编写参考提纲。可以开展学位授权自主审核工作的单位有：北京大学、中国人民大学、清华大学、北京航空航天大学、中国农业大学、北京师范大学、南开大学、天津大学、吉林大学、哈尔滨工业大学、复旦大学、同济大学、上海交通大学、南京大学、浙江大学、中国科学技术大学、厦门大学、武汉大学、西安交通大学、中国科学院大学。

20所高等学校可开展学位授权自主审核工作

5月2日

国务院学位委员会下达了2017年审核增列的博士、硕士学位授予单位及其学位授权点名单，共有28个新增博士学位授予单位和29个新增硕士学位授予单位。其中，北京工商大学、北京建筑大学、常州大学、浙江农林大学、西安石油大学、浙江财经大学、南方科技大学7个博士学位授予单位和北京石油化工学院、北京电子科技学院、湖州师范学院、重庆科技学院4个硕士学位授予单位自批准之日起，可开展招生、培养、学位授予工作；中国民航大学等21个博士学位授予单位及山西大同大学等25个硕士学位授予单位需进一步加强建设，补短板强弱项，待办学水平和研究生培养能力达到相应要求，并通过国务院学位委员会核查后，再开展招生、培养、授予学位工作。

28个新增博士学位授予单位，29个新增硕士学位授予单位

5月3日

国务院学位委员会办公室转发了由国务院学位委员会学科评议组和全国专业学位研究生教育指导委员会研究制订的《学位授权点专项评估工作方案》，要求各学位授予单位的参评学位授权点据此开展相关工作。

《学位授权点专项评估工作方案》下发

5月4日

2018级工程类硕士专业学位研究生新培养方案开始执行

国务院学位委员会办公室转发了全国工程专业学位研究生教育指导委员会起草的《关于制订工程类硕士专业学位研究生培养方案的指导意见》，要求学位授予单位自2018级工程类硕士专业学位研究生开始执行，往届工程类硕士专业学位研究生的培养方案可参照此指导意见做相应调整。原《关于制订在职攻读工程硕士专业学位研究生培养方案的指导意见》及《关于制订全日制工程硕士研究生培养方案的指导意见》终止执行。

5月4日

国务院学位委员会办公室转发了全国工程专业学位研究生教育指导委员会制订的《工程类博士专业学位研究生培养模式改革方案》及说明，要求学位授予单位自2018级工程类博士专业学位研究生开始执行，往届工程类博士专业学位研究生的培养模式可参照此方案做相应调整。该方案对工程类博士专业学位研究生培养目标，培养方式，招生对象，工程类博士专业学位获得者应具备的知识、能力和素质，学位论文要求，质量保障与监督等六个方面都进行了说明和规定。

《工程类博士专业学位研究生培养模式改革方案》下发

6月13日

国务院学位委员会办公室发出通知，要求各学位授予单位按规定完成自我评估工作。此项工作由各省级学位委员会和中国人民解放军学位委员会组织实施。文件还对自评范围和评估材料的报送等进行了说明。

各学位授予单位按规定完成自我评估工作

7月4日

教育部办公厅下发了《教育部办公厅关于严厉查处高等学校学位论文买卖、代写行为的通知》，对进一步规范学位论文管理，加强学术诚信建设，提高人才培养质量，从切实提高认识、完善工作机制、严格责任落实、加强教育宣传、强化监督检查和严肃责任追究六个方面对相关单位提出了要求。

严厉查处高等学校学位论文买卖、代写行为

8月8日

教育部、财政部、国家发展改革委联合下发教研〔2018〕5号文件《高等学校加快"双一流"建设的指导意见》。文件对加快推进世界一流大学和一流学科建设，从总体要求；落实根本任务，培养社会主义建设者和接班人；全面深化改革，探索一流大学建设之路；强化内涵建设，打造一流学科高峰；加强协同，形成"双一流"建设合力五个方面提出了24条意见。

8月30日

国务院学位委员会办公室发出通知，要求对已有的工程硕士、博士专业学位授权点进行对应调整。文件对工程硕士专业学位授权点对应调整的原则与要求、工程博士专业学位授权点对应调整的原则与要求、对应调整的工作程序进行了规定。

对已有的工程硕士、博士专业学位授权点进行对应调整

9月26日

教育部学位管理与研究生教育司发出通知，决定开展MBA教育巡视整改回头看工作。通知中指出了此项工作的主要内容和工作要求，以促进MBA教育巡视整改工作的落实。

开展MBA教育巡视整改回头看

附录二 第三届中国学位与研究生教育学会 研究生教育成果奖获奖名单

特等奖 1 项

序号	成果名称	成果完成单位	成果完成人
1	创建"五链环"野外综合实训平台与"四融合"人才培养新模式的探索及其实践	中国农业大学	康绍忠、杜太生、李思恩、佟玲、丁日升

一等奖 9 项（按第一完成单位代码排序）

序号	成果名称	成果完成单位	成果完成人
1	立足中国绿色发展、贡献全球环境治理的环境学科博士生培养体系构建与实践	清华大学	贺克斌、余刚、胡洪营、左剑恶、吴烨
2	优势学科交叉、特色平台支撑——交通行业高水平博士研究生培养模式探索与实践	北京交通大学	高自友、关伟、聂磊、孙会君、刘世峰
3	大系统导向的多学科、校企融合复合型拔尖创新人才培养模式探索与实践	北京理工大学	孙逢春、王军政、何洪文、肖文英、唐胜景
4	科教融合培养航天领域工程领军人才的创新与实践	哈尔滨工业大学	曹喜滨、孙兆伟、王峰、高栋、郭继峰
5	面向中国智造的多学科、高层次复合型人才协同培养：中国全球运营领袖项目	上海交通大学	周林、董明、陈晓荣、杨根科、熊振华
6	国际引领，实践创新——建筑学专业型硕士研究生培养模式探索与实践	东南大学	王建国、张彤、冷嘉伟、徐小东、张宏
7	武器类拔尖创新人才培养模式的改革与实践	南京理工大学	廖文和、张琨、杨国来、薄煜明、刘大斌

续表

序号	成果名称	成果完成单位	成果完成人
8	"世界眼光、中国情怀、南农品质"三位一体的农科博士拔尖创新人才培养实践	南京农业大学	侯喜林、张阿英、朱中超、林江辉、康若祎
9	创新硕士试飞员培养模式，造就高端试飞人才	西北工业大学、中国飞行试验研究院	高正红、詹浩、张景亭、袁东、张炜

二等奖 30 项（按第一完成单位代码排序）

序号	成果名称	成果完成单位	成果完成人
1	高水平交互式临床医学教学案例共享平台的开发与建设	北京大学、北京航空航天大学	段丽萍、崔爽、郝爱民、毛节明、邓锐
2	专业学位类别设置与目录管理研究报告	清华大学、教育部学位与研究生教育发展中心、全国工程专业学位研究生教育指导委员会	王顶明、李莞荷、杜艳秋、张立迁
3	基于校所联合培养的博士生科技人力资本发展研究	北京航空航天大学、北京工业大学	马永红、刘贤伟、包艳华、张乐、于苗苗
4	兽医专业学位研究生"一优两改三培育"培养模式创新与实践	中国农业大学	沈建忠、杨汉春、郭鑫、张国中、赵世云
5	教育学学术型研究生课程建设调研报告	北京师范大学、北京联合大学	周海涛、钟秉林、刘丽、胡万山、史少杰
6	服务国家战略需求，构建工程博士"DID"培养体系	天津大学	赵美蓉、白海力、陈金龙、刘宁、肖凤翔
7	研究生国际化高水平课程建设的探索与实践	哈尔滨工业大学、哈尔滨工程大学	高栋、宋平、陈恒、梁大鹏、于航
8	面向重大需求，聚焦技术创新，应用化学研究生"全链条"培养的研究与实践	哈尔滨工业大学	黄玉东、唐冬雁、姜兆华、陈刚、强亮生
9	"船舶动力精英"人才培养模式助推中国船舶工业发展的创新与实践	哈尔滨工程大学	郑群、路勇、李淑英、高杰、刘志刚

续表

序号	成果名称	成果完成单位	成果完成人
10	以健康为中心的公共卫生硕士培养模式的创新探索	复旦大学	何纳、汪玲、何更生、陈文、姜庆五
11	基于提升工程类专业学位研究生实践能力的教育综合改革与实践	华东理工大学	田禾、唐燕辉、朱为宏、李翠、仇昭君
12	"一新领变"——深度数字变革下会计专业硕士研究生培养体系创新	上海财经大学	陈信元、李增泉、朱红军、朱凯、刘浩
13	多边合作研究生培养体系探索与创新——4E+1C合作模式的构建与实践	苏州大学	熊思东、曹健、陈雁、陈国强、刘洋
14	服务需求 协同育人 共建多赢——依托研究生工作站培养高质量工程专业型人才	南京航空航天大学	江驹、楼佩煌、王严、周佼佼、郑祥明
15	基于校—企—生多赢的"五维一体"涉林专业学位研究生培养模式改革与实践	南京林业大学	张金池、杨平、王元纲、张晓琴、南军锋
16	科教协同：高校与科研院所联合培养研究生的研究与实践	南京农业大学、江苏省农业科学院、中国水产科学研究院淡水渔业研究中心	董维春、王永霞、蒋高中、姚志友、李占华
17	融合理念下中医药研究生传承创新能力提升的探索与实践	南京中医药大学	胡刚、张旭、万佼、吴彩霞、李刃
18	研究—规划—开发—应用：教育专业学位教学案例库建设的一体化模式	南京师范大学	张新平、魏少华、顾建军、陈学军、叶忠
19	媒体创意与策划高层次文化创新人才培养体系建构	中国美术学院	高世名、曹意强、管怀宾、高世强、余旭红
20	基于国家科研平台的高水平博士培养体系的探索与实践	中国科学技术大学	古继宝、彭莉君、朱玉春、万洪英、李兴权
21	瞄准学科前沿，面向国家需求，培养理实交融的环境工程拔尖人才	中国科学技术大学	俞汉青、盛国平、穆杨、李文卫、江鸿

续表

序号	成果名称	成果完成单位	成果完成人
22	破解地方高校化学学科创新型研究生培养困境的改革实践与探索	福州大学	黄剑东、王绪绪、陈伟斌、石炳文、付贤智
23	"三段六步八要素"的《学术论文写作指导》课程教学模式探索与实践	江西师范大学	刘小强、赵永辉、邓婧、董圣鸿、彭颖晖
24	研究生三阶段九步骤科研管理办法与实践	华中科技大学	罗俊、涂良成、胡忠坤、杨山清
25	基于文化自信的外语类研究生跨文化能力培养模式与实践	湖南师范大学	蒋洪新、郑燕虹、曾艳钰、高荣国、曹波
26	以核心课程为引领的研究生课程改革与实践	昆明理工大学	束洪春、刘殿文、高利、宋晶、杨雯
27	创贯通式课程体系，建国际一流软硬件平台，育高层次核能人才	西安交通大学	苏光辉、秋穗正、田文喜、张大林、巫英伟
28	服务"一带一路"油气资源国的研究生国际化培养模式探索与实践	中国石油大学（北京）	金衍、汪志明、张永学、刘一凝、雍太军
29	"一核两融"多维协同的创新性研究生培养模式与教育实践	广东工业大学	章云、谢胜利、周郭许、肖明、罗小燕
30	基于能力产出导向的飞行动力学与控制研究生培养模式探索与实践	中国人民解放军国防科技大学	郑伟、张洪波、罗亚中、汤国建、王鹏

主要参考文献

[1] 周文辉，赵军.专业学位论文写作指南［M］.北京：中国科学技术出版社，2019.

[2] Qiang Liu, David Turner & Xiaoli Jing. *The "Double First-Class Initiative" in China: Background, Implementation, and Potential Problems*［J］. Beijing International Review of Education, 2019: 92-108.

[3] 李金龙，万明，裴旭，等.我国研究生联合培养政策变革及实践发展历程、特征与趋势［J］.研究生教育研究，2016（6）：8-12.

[4] 朱玉成，周海涛.研究生教育供给侧结构性改革透视：内涵、问题与对策［J］.学位与研究生教育，2018（3）：54-57.

[5] Australian Government-Department of Education and Training. *Design Options for the Future Doctorate: Final Report 2018*［R］. Australian Government-Department of Education and Training. 2018.

[6] Organisation for Economic Co-operation and Development. *OECD Science, Technology and Industry Scoreboard 2017: The Digital Transformation*［R］. OECD, 2017.

[7] 陈宝生.中国教育，波澜壮阔四十年［N］.人民日报，2018-12-17（11）.

[8] 柯进.中国研究生创新实践系列大赛启动会在京举行［N］.中国教育报，2018-04-04（3）.

[9] 中华人民共和国教育部.关于全面落实研究生导师立德树人职责的意见［EB/OL］.（2018-01-17）［2019-03-17］.http://www.moe.gov.cn/srcsite/A22/s7065/201802/t20180209_327164.html.

[10] 江苏省学位委员会，教育厅.关于印发《江苏省研究生导师职业道德规范"十不准"（试行）》的通知［EB/OL］.（2018-10-29）［2019-03-15］.http://jyt.jiangsu.gov.cn/art/2018/10/29/art_58320_7856114.html.

[11] 教育部研究生司.西安交通大学推出研究生导师"八要""十不准"立德树人行为引导机制［EB/OL］.（2018-07-09）［2019-03-15］.http://www.moe.gov.cn/s78/A22/

moe_847/201807/t20180709_342433.html.

［12］ 中国教育在线.2019年全国研究生招生调查报告［EB/OL］.（2019-03-29）［2019-03-15］.http://www.eol.cn/html/ky/2019report/section2.html#sc_2.

［13］ 教育部，财政部，国家发展改革委.关于高等学校加快"双一流"建设的指导意见［EB/OL］.（2018-08-23）［2019-03-15］.http://www.moe.gov.cn/srcsite/A22/moe_843/201808/t20180823_345987.html.

［14］ 教育部.推动"双一流"加快建设、特色建设、高质量建设——教育部召开"双一流"建设现场推进会［EB/OL］.（2018-08-30）［2019-03-15］.http://www.moe.gov.cn/jyb_xwfb/gzdt_gzdt/moe_1485/201809/t20180930_350535.html.

［15］ 上海市教育委员会.关于印发《上海高等学校创新人才培养机制 发展一流研究生教育试行方案》的通知［EB/OL］.（2018-11-20）［2019-03-15］.http://www.shmec.gov.cn/html/xxgk/201811/418062018011.html.

［16］ 浙江大学.浙江大学召开专题研讨会加快推进"双一流"建设［EB/OL］.（2018-07-23）［2019-03-15］.http://www.moe.gov.cn/s78/A22/moe_847/201807/t20180723_343619.html.

［17］ 国务院学位委员会.关于高等学校开展学位授权自主审核工作的意见［EB/OL］.（2018-04-27）［2019-03-15］.http://www.moe.gov.cn/srcsite/A22/yjss_xwgl/moe_818/201804/t20180427_334449.html.

［18］ 教育部学位管理与研究生教育司.落实"放管服"要求，放权部分高校开展学位授权自主审核——国务院学位委员会办公室、教育部学位管理与研究生教育司负责人答记者问［EB/OL］.（2018-04-27）［2019-03-15］.http://www.moe.gov.cn/jyb_xwfb/s271/201804/t20180427_334522.html.

［19］ 国务院学位委员会，教育部.关于对工程专业学位类别进行调整的通知［EB/OL］.（2018-03-26）［2019-03-15］.http://www.moe.gov.cn/srcsite/A22/yjss_xwgl/moe_818/201803/t20180326_331244.html.

［20］ 清华大学.深化专业学位研究生教育综合改革举措成效［EB/OL］（2018-02-26）［2019-03-15］.http://www.moe.gov.cn/s78/A22/moe_847/201802/t20180226_327757.html.

［21］ 教育部学位与研究生教育发展中心.唱响研究生教育"高端引领 创新互动"的"同一首

歌"——第四届中国研究生教育国际论坛圆满闭幕［EB/OL］.（2018-11-17）［2019-04-15］. http://www.cdgdc.edu.cn/xwyyjsjyxx/sy/syzhxw/284387.shtml.

［22］杜占元.深化研究生教育改革，推动内涵发展再上新水平——在2018年度省级学位委员会、学科评议组和教指委工作会议上的讲话［EB/OL］.（2018-04-17）［2019-04-15］. http://www.moe.gov.cn/s78/A22/moe_847/201804/t20180417_333427.html.

［23］Edx.Choose Your MicroMasters Program［EB/OL］.（2018-11-17）［2019-04-15］. https://www.edx.org/micromasters.

［24］教育部办公厅.关于批准部分中外合作办学机构和项目终止的通知［EB/OL］.（2018-07-05）［2019-04-15］. http://www.moe.gov.cn/srcsite/A20/moe_862/201807/t20180705_342056.html.

［25］中华人民共和国教育部.关于印发《来华留学生高等教育质量规范（试行）》的通知［EB/OL］.（2018-10-12）［2019-04-15］. http://www.moe.edu.cn/srcsite/A20/moe_850/201810/t20181012_351302.html.

［26］工程专业学位研究生教育指导委员会.立德树人 砥砺奋进深化工程专业学位研究生教育综合改革［EB/OL］.（2018-03-19）［2019-04-15］. http://www.moe.gov.cn/s78/A22/moe_847/201803/t20180319_330491.html.

［27］广东省教育厅.以现代产业发展需求为导向 深入推进专业学位研究生教育综合改革［EB/OL］.（2018-03-12）［2019-04-15］. http://www.moe.gov.cn/s78/A22/moe_847/201803/t20180312_329594.html.

［28］武汉大学.武汉大学深化专业学位研究生教育综合改革经验做法［EB/OL］.（2018-03-02）［2019-04-15］. http://www.moe.gov.cn/s78/A22/moe_847/201803/t20180302_328441.html.

［29］北京师范大学.特色发展 树立品牌 构建一流拔尖创新应用型人才分类培养体系［EB/OL］.（2018-02-26）［2019-04-15］. http://www.moe.gov.cn/s78/A22/moe_847/201802/t20180226_327758.html.

［30］华东师范大学.华东师范大学专业学位研究生职业化人才培养的改革与实践［EB/OL］.（2018-03-02）［2019-04-15］. http://www.moe.gov.cn/s78/A22/moe_847/201803/t20180302_328439.html.

［31］工程专业学位研究生教育指导委员会.立德树人 砥砺奋进深化工程专业学位研究生教育

综合改革［EB/OL］.（2018-03-19）［2019-04-15］.http://www.moe.gov.cn/s78/A22/moe_847/201803/t20180319_330491.html.

[32] 叶雨婷.教育部副部长朱之文：加快推动我国从研究生教育大国迈向强国［EB/OL］.（2018-03-16）［2019-04-15］.http://news.cyol.com/yuanchuang/2018-11/16/content_17789896.htm.

[33] 医学"双一流"建设联盟秘书处.推进医学"双一流"加快建设、特色建设、高质量建设 引领新时代医学高等教育与医学学科建设改革创新发展——医学"双一流"建设联盟在京成立［EB/OL］.（2018-11-15）［2019-04-15］.http://www.moe.gov.cn/s78/A22/A22_ztzl/ztzl_tjsylpt/sylpt_jsdt/201811/t20181115_354892.html.

[34] 会计专业学位研究生教育指导委员会.深化会计专业学位研究生教育综合改革经验做法［EB/OL］.（2018-03-19）［2019-04-15］.http://www.moe.gov.cn/s78/A22/moe_847/201803/t20180319_330493.html.

[35] 中华人民共和国教育部.关于印发《教育部2018年工作要点》的通知［EB/OL］.（2018-02-06）［2019-04-15］.http://www.moe.gov.cn/srcsite/A02/s7049/201802/t20180206_326950.html.

[36] 国务院学位委员会，教育部.关于开展2018年学位授权点专项评估工作的通知［EB/OL］.（2018-03-29）［2019-04-15］.http://www.moe.gov.cn/s78/A22/xwb_left/moe_839/201803/t20180329_331690.html.

[37] 教育部学位与研究生教育发展中心.全国首次专业学位水平评估结果发布［EB/OL］.（2018-11-17）［2019-04-15］.http://www.cdgdc.edu.cn/xwyyjsjyxx/2018cpsr/.

[38] 国务院学位委员会办公室.专业学位研究生教育综合改革经验交流［EB/OL］.（2018-11-17）［2019-04-15］.http://www.moe.edu.cn/s78/A22/A22_ztzl/zyxw/jyjl/.

[39] 清华大学.《中华人民共和国学位条例》修订专题调研座谈会在清华大学举行［EB/OL］.（2018-12-05）［2019-04-15］.http://news.tsinghua.edu.cn/publish/thunews/9660/2018/20181205145136274983348/20181205145136274983348_.html.

[40] 东南大学.《中华人民共和国学位条例》修订研讨会在东南大学召开［EB/OL］.（2018-09-25）［2019-04-15］.http://www.seu.edu.cn/2018/0925/c17406a241280/page.html.

[41] 教育部，国家统计局，财政部.关于2017年全国教育经费执行情况统计公告［EB/OL］.（2018-10-12）［2019-04-15］.http://www.moe.gov.cn/srcsite/A05/s3040/201810/

t20181012_351301.html.

［42］国家统计局，科学技术部，财政部.2017年全国科技经费投入统计公报［EB/OL］.（2018-10-09）［2019-04-15］.http://www.stats.gov.cn/tjsj/zxfb/201810/t20181009_1626716.html.

［43］国家自然科学基金委员会.国家自然科学基金资助项目统计资料（2018年度）［EB/OL］.（2018-11-17）［2019-04-15］.http://www.nsfc.gov.cn/nsfc/cen/xmtj/pdf/2018_table.pdf.

［44］教育部学位与研究生教育发展中心.关于举办2019年"中国研究生创新实践系列大赛"的通知［EB/OL］.（2019-03-22）［2019-04-22］.https://cpipc.chinadegrees.cn//pw/detail/2c9088a5696cbf370169a36f5bf51079.

［45］中华人民共和国教育部.2018年来华留学统计［EB/OL］.（2019-04-12）［2019-04-22］.http://www.moe.gov.cn/jyb_xwfb/gzdt_gzdt/s5987/201904/t20190412_377692.html.

［46］中华人民共和国教育部.规模持续扩大 生源结构不断优化 吸引力不断增强来华留学工作向高层次高质量发展［EB/OL］.（2018-03-29）［2019-04-15］.http://www.moe.gov.cn/jyb_xwfb/gzdt_gzdt/s5987/201803/t20180329_331772.html.

［47］教育部，财政部，国家发展改革委印发《关于高等学校加快"双一流"建设的指导意见》的通知［EB/OL］.（2018-08-20）［2019-04-15］.http://www.moe.gov.cn/srcsite/A22/moe_843/201808/t20180823_345987.html.

［48］教育部，财政部，国家发改委.《关于高等学校加快"双一流"建设的指导意见》高校"双一流"建设有了行动指南［EB/OL］.（2018-08-28）［2019-04-15］.http://www.moe.gov.cn/jyb_xwfb/s5147/201808/t20180828_346305.html.

［49］中华人民共和国教育部.教育部关于全面落实研究生导师立德树人职责的意见［EB/OL］.（2018-01-07）［2019-04-15］.http://www.moe.gov.cn/srcsite/A22/s7065/201802/t20180209_327164.html.

［50］教育部办公厅.关于开展高校"百个研究生样板党支部"和"百名研究生党员标兵"创建工作的通知［EB/OL］.（2018-08-28）［2019-04-15］.http://www.moe.gov.cn/srcsite/A12/moe_1416/s255/201808/t20180828_346384.html.

［51］江苏省教育厅.江苏省研究生导师职业道德规范"十不准"（试行）［EB/OL］.（2018-10-29）［2019-04-15］.http://jyt.jiangsu.gov.cn/art/2018/10/29/art_58320_7856114.html.

[52] 国务院学位委员会.教育部关于下达2017年学位授权点专项评估结果及处理意见的通知［EB/OL］.（2018-03-02）［2019-04-15］.http://www.moe.gov.cn/s78/A22/A22_gggs/A22_sjhj/201803/t20180302_328436.html.

[53] 国务院学位委员会.教育部关于开展2018年学位授权点专项评估工作的通知［EB/OL］.（2018-03-29）［2019-04-15］.http://www.moe.gov.cn/s78/A22/xwb_left/moe_839/201803/t20180329_331690.html.

[54] 教育部学位管理与研究生教育司.学位授予和人才培养学科目录（2018年4月更新）［EB/OL］.（2018-04-19）［2019-04-15］.http://www.moe.gov.cn/s78/A22/xwb_left/moe_833/201804/t20180419_333655.html.

[55] 教育部学位管理与研究生教育司.关于进一步发挥国务院学位委员会学科评议组和专业学位研究生教育指导委员会作用的意见［EB/OL］.（2018-05-11）［2019-04-15］.http://www.moe.gov.cn/s78/A22/A22_ztzl/ztzl_03/gzwj/201805/t20180511_335691.html.

[56] 国务院学位委员会.关于高等学校开展学位授权自主审核工作的意见［EB/OL］.（2018-04-27）［2019-04-15］.http://www.moe.gov.cn/srcsite/A22/yjss_xwgl/moe_818/201804/t20180427_334449.html.

[57] 国务院学位委员会.关于印发学位授权自主审核单位名单的通知［EB/OL］.（2018-04-19）［2019-04-15］.http://www.moe.gov.cn/srcsite/A22/yjss_xwgl/moe_818/201804/t20180427_334450.html.

[58] 国务院安委办.深刻吸取北交大事故教训［EB/OL］.（2019-01-03）［2019-04-15］.http://www.bjnews.com.cn/news/2019/01/03/536146.html.

[59] 北京理工大学.北理工举办首届研究生教育学研究生学术论坛［EB/OL］.（2018-01-15）［2019-04-15］.http://cge.bit.edu.cn/xwzx/zxxw/116233.htm.

[60] 中国教育在线.全国研究生招生调查报告［EB/OL］.（2018-01-19）［2019-04-15］.http://www.eol.cn/html/ky/2019report/content.html.

[61] 中华人民共和国教育部.关于对西南大学、电子科技大学2019年研考自命题事件有关校级领导干部问责的通报［EB/OL］.（2019-01-11）［2019-04-15］.http://www.moe.gov.cn/jyb_xwfb/gzdt_gzdt/s5987/201901/t20190111_366672.html.

[62] 中华人民共和国教育部.2018年来华留学统计［EB/OL］.（2019-04-12）［2019-05-14］.http://www.moe.gov.cn/jyb_xwfb/gzdt_gzdt/s5987/201904/t20190412_377692.html.

[63] 中华人民共和国教育部. 关于印发《来华留学生高等教育质量规范（试行）》的通知［EB/OL］.（2018-10-09）［2019-02-23］. http://www.moe.gov.cn/srcsite/A20/moe_850/201810/t20181012_351302.html.

[64] 国家留学基金管理委员会. 关于申报2019—2020学年度"中非友谊"中国政府奖学金项目的通知［EB/OL］.（2019-03-26）［2019-03-28］.http://www.campuschina.org/zh/content/details10029_378193.html.

[65] 国家留学基金管理委员会. 2018/2019学年IBM优秀美国来华留学生奖学金录取结果［EB/OL］.（2018-12-11）［2019-01-29］.http://www.campuschina.org/zh/content/details10029_372527.html.

[66] 国家留学基金管理委员会. 63名国际学生获国家开发银行奖励金［EB/OL］.（2018-05-30）［2019-04-15］. http://www.campuschina.org/zh/content/details10029_372530.html.

[67] 国家留学基金管理委员会.关于申报2019—2020学年度"高校研究生"及"丝绸之路"中国政府奖学金项目的通知［EB/OL］.（2018-12-12）［2019-03-29］. http://www.campuschina.org/zh/content/details10029_372528.html.

[68] Amber Ziye Wang. *Fewer Chinese to Stay Abroad after Graduation-Survey*［EB/OL］.（2018-05-31）［2019-04-19］.https://www.universityworldnews.com/post.php?story=20180531154955271.

[69] Jia Song. *The Challenges of Creating World-Class Universities in China*［EB/OL］.（2018-08-20）［2019-05-07］.https://www.insidehighered.com/blogs/world-view/challenges-creating-world-class-universities-china.

[70] THE World University Rankings. *World University Rankings 2019：Results Announced*［EB/OL］.（2018-09-26）［2019-04-12］.https://www.timeshighereducation.com/news/world-university-rankings-2019-results-announced.

[71] HM Government 2019. *Universities Minister Sets Vision for Higher Education*［EB/OL］.（2019-01-31）［2019-04-06］. https://www.gov.uk/government/speeches/univerisities-minister-sets-vision-for-higher-education.

[72] Office for National Statistics. *Gross domestic expenditure on research and development，UK：2016*［EB/OL］.（2018-03-15）［2019-04-04］.https://www.ons.gov.uk/economy/

government publics ector and taxes/research and development expenditure/bulletins/ukgrossdomestic expenditure on research and development/2016.

［73］UKCGE. *Postgraduate Education's Role in Delivering the Research and Development Target*［EB/OL］.（2017–11–20）［2019–03–11］. http://www.ukcge.ac.uk/article/policy-briefing-doctoral-researchers-rd-404.aspx.

［74］Russell Group. *Fall in EU student numbers*［EB/OL］.（2019–01–04）［2019–03–11］. https://russellgroup.ac.uk/news/fall-in-eu-student-numbers/.

［75］HESA. *Higher Education Student Statistics：UK，2016/17–Where Students Come from and Go to Study*［EB/OL］.（2018–01–11）［2019–04–01］.https://www.hesa.ac.uk/news/11-01-2018/sfr247-higher-educationstudent-statistics/location.

［76］Australian Government. *Improving the sustainability of higher education in Australia*［EB/OL］.（2018–07–01）［2019–04–03］.https://www.studyassist.gov.au/sites/studyassist/files/1.new_repayment_threshold.pdf.

［77］Janosch Nieden. *Cross–border Doctoral Education at the European Campus*［EB/OL］.（2018–06–04）［2019–04–01］.https://eua.eu/resources/expert-voices/13-cross-border-doctoral-education-at-the-european-campus.html.

［78］Higher Education Statistics Agency. *Students and Graduates*［EB/OL］.（2019–01–17）［2019–04–05］.https://www.hesa.ac.uk/news/17-01-2019/sb252-higher-education- student-statistics.

［79］Organisation for Economic Co–operation and Development. *The future of education and skills：Education 2030*［EB/OL］.（2018–04–02）［2019–04–05］. http://www.oecd.org/education/2030/E2030%20Position%20Paper%20（05.04.2018）.pdf.

［80］National Science Board. *Science and Engineering Indicators 2018*［EB/OL］.（2018–01–20）［2019–04–05］. https://www.nsf.gov/statistics/indicators.

后 记

2019年，是中国研究生教育质量报告编研工作走过的8个年头。8年来，我们锐意创新，持续提高编研质量，研究成果得到社会一致认可，产生了广泛影响力。在此，我谨代表编研组全体成员向一直以来关心和支持本报告编研工作的各位同人表示衷心感谢。

2019年1月，编研组正式启动《中国研究生教育质量报告2019》编研工作，并多次召开研讨会，确定了本年度报告的内容。本报告以述说、数说、事说、省说、研究生说、境外媒体与专家学者说等为视角，聚焦于2018年我国研究生教育质量状态，最终形成了《中国研究生教育质量报告2019》。

本年度质量报告的编写成员来自清华大学、北京理工大学、学位与研究生教育杂志社、武汉大学、东南大学、湘潭大学、北京石油化工学院7家单位。报告分工为：第一章，廖湘阳；第二章，王战军、唐广军；第三章，耿有权；第四章，吴青、王传毅；第五章，周文辉、黄欢；第六章，王战军、王小栋；附录，周玉清。整体报告由王战军统稿，乔刚和雷琨为编研组秘书。

本年度报告中的全国研究生满意度调查继续由学位与研究生教育杂志社承担问卷的发放、回收、数据的录入与分析等。2019年，全国共有118所研究生培养单位的近9万名在校研究生参与了问卷调查。自2012年开展全国在校研究生满意度调查以来，共有299979名在校研究生参与了调查活动。在此，谨向为本次调查付出辛勤劳动的各研究生培养单位有关负责人及工作人员表示感谢！向所有参与满意度调查的在校研究生表示感谢！也欢迎更多的研究生培养单位和研究生参与到未来的调查活动中来。

感谢上海市学位委员会办公室束金龙主任及吴庆全、杨雪，为本报告提供了《上海市研究生教育质量报告》，帮助充实完善课题组提供的文稿。感谢孙瑜、王星星、王蒙蒙、陆逸群、胡江华、雷琨、牛晶晶等同学在部分章节的文献资料

后记

和数据统计分析方面所做的工作。

感谢专家委员会所有成员给予本报告的宝贵意见和建议！感谢编研组成员及工作人员长期为此付出的智慧和汗水！感谢所有参考文献的作者。

《中国研究生教育质量报告2019》在已有研究的基础上对各个章节内容持续创新，以期在保证学术研究严谨性的同时，进一步增强本报告的可读性，以回应社会对研究生教育质量的关切，为研究生教育主管部门提供质量评估参考，为研究生教育工者提供工作参考，为广大研究生教育研究者提供有价值的学术参考，为考研的大学生了解和选择研究生单位提供参考。

当然，由于编研组人员水平有限，本报告仍存在一定的不足，请广大读者批评指正，以促使我们不断改进编写工作，提高本报告编研质量，进一步扩大报告的影响力。

最后，本报告的编研是一个开放创作平台，欢迎有志于研究生教育质量研究的各位同人积极加入我们的队伍，组建研究生教育质量研究的学术共同体，共同打造一部全面、系统、多视角、多层面的中国研究生教育质量年度报告。

王战军

2019年5月